여성이 여성을 노래하다

2015년 7월 31일 초판 1쇄
2015년 11월 23일　　 2쇄

지은이 신영숙 **펴낸곳** (주)늘품플러스 **펴낸이** 전미정 **교정·교열** 손시한 **디자인·편집** 윤종욱
출판등록 2008년 1월 18일 제2-4350호 **주소** 서울 중구 필동 1가 39-1 국제빌딩 607호
전화 070-7090-1177 **팩스** 02-2275-5327 **이메일** go5326@naver.com **홈페이지** www.npplus.co.kr

ISBN 978-89-93324-94-5 03910 정가 12,000원
ⓒ 신영숙, 2015

 늘품은 항상 발전한다는 순수한 우리말입니다.

여성이 여성을 노래하다
(일제 강점기 한국여성사)

책을 내며

참으로 오랜 시간이 걸렸다. 젊음은 다 어디론가 가고 이제 노인 대열에 들어서 첫 번째 책을 내는 것이다. 아니 마지막 일 수도 있다는 생각에 이 책과의 인연이 더 뜻깊은 것 같다.

한국사를 공부하기 시작한 지 40년, 정말 연구자처럼 행세 한(?) 것도 30여 년이 넘어가고 있지 않은가. 그동안 몇 번의 외도와도 같은 딴짓을 한 적도 있었지만, 거의 강의와 연구 에서 손을 뗀 적이 없었다. 그런데도 책 한 권 변변히 낸 적 이 없어 늘 스스로 부끄럽기만 하였다. 어쩌다 아버지의 뜻 에 따라 우연찮게 하게 된 공부에, 워낙 소심하고 열정, 용기 가 부족한 탓, 한마디로 역부족이었다.

그러던 중 한순간 불현듯이 스친 생각이 여성사를 시로 써 보면 어떨까 한 것이다. 많은 이야기를 길게 쓰는 것은 더 어 렵기만 하였고, 내가 접근하기 어려운 만큼 읽는 사람들도 쉽지 않을 것으로 여겨졌다. 그야말로 짧고 쉽게 표현하면 조금 낫지 않을까 하는 소박한 마음에서 시 형식을 빌렸다. 그리고 쓰기 시작해서는 조금씩 마음 내키는 대로 손 가는 대로 써 나갔다. 특히 내가 좋아하던 시와 연관도 지어가며, 또 당시 시들을 떠올려 주제별로 인용도 해보고... 나름 재미 있는 작업이었다. 마지막에 올려 희망을 노래하고 싶었던 김 수영 시인의 「풀」 등 몇 편의 시들을 비록 싣지 못한 아쉬움 은 있지만.

결국 일제 강점기 여성의 모습을 유형별로 나누어 이모저모 살펴본 뒤, 당시 그래도 뭔가 돌파구를 찾아보려 애썼던 신 여성과 여성독립운동가에 초점을 맞춰 여성사 개론식의 시 를 마감하였다. 당시 신여성들은 먼저 배우고 공부한 것을 자신만을 위해서가 아닌 다른 여성들과도 나누고자 밤낮을 지새웠으며, 여성독립운동가들은 한발 더 나아가 민족 사회 의 해방과 독립을 위하여 아낌없이 자신을 다 바치고자 하 였다. 그들이야말로 일제와 가부장제의 억압 속에 신음하는 여성과 민족에게 조금이라도 도움이 되는 길을 찾아 노심초 사하였던 것이다. 내가 이들의 자취를 찾아 재현해 보려 한 일은 어쩌면 내게 부족한 점에 대한 대리 만족을 위한 행동 일 수도 있다. 어쨌든 신여성과 항일독립운동가들의 치열한 삶의 면면을 역시 시 형식으로 간결하게 독자들에게 전달해보고자 한 것이 큰 비중을 차지한다. 그러나 전체적으로는 당시 사회의 혼란과 피폐함 속에서도 오롯이 가족과 자신을, 더 나아가 여성과 민족을 지키며 꿋꿋이 살아남은 모든 여성들의 고통과 희망을 노래하고 싶었다. 많이 부족하고 여전히 부끄럽지만 한 권의 책으로 묶여 나온다는 것에 가슴이 설레기도 한다. 할 수 있는 한 많은 분들이 읽어서 일제 강점기 여성들에게 잠시라도 자신을 비춰볼 수 있는 거울 같은 책이 될 수 있다면, 그리고 그들처럼 강한 여성이 되었으면 하는 소망도 가져본다.

이 책이 나오기까지는 감사드릴 분이 정말 많다. 우선 하느님의 은총 속에 하늘나라에서 지켜봐주실 부모님, 30여 년 넘게 일상을 함께한 남편과 아들에겐 정말 특별한 감사를 하고 싶다. 그리고 다른 가족들까지, 그들의 돌봄과 보살핌에 감사드린다. 또한 내가 좋아하고, 나를 아는 모든 선후배 친지분들, 이를테면 여성사학회, 한국가족문화원, 정신대연구소, 한국가톨릭여성연구원, 여성독립운동기념사업회 등에

서 많은 분들과 좋은 인연을 맺어온 것에 감사드린다. 뿐만
아니라 나를 아껴주는 우리 이웃 여러분들에게도 진심으로
따뜻한 마음을 전하고 싶다. 아울러 이 책이 나올 수 있게
특별히 힘써준 이화여대 정현주 선생님과 출판사 전미정 대
표, 손시한 편집인에게 깊은 감사의 마음을 전한다. 소중한
그 분들과 함께 진솔한 마음으로 기쁨을 나누고 싶다. 고맙
습니다.

2015. 7.
신영숙 올림.

차례

1부

'서시'- 희망을 꿈꾸다

식민지 시기
여성은 온몸으로
온 마음으로
영혼을 다 바쳐 살았다
가장처럼 가정을 지키기도
항일 투사나 사회운동가로
일제에 맞서기도
현모양처로 가정을 일구기도
신여성으로
시대와 사회를 앞서기도
여공으로
공장 일선에서 피땀 흘리기도
농촌의 무지랭이 같아도
오로지
가족을 위해
사회를 생각하며
자신을 돌보지 않았다.
아니, 자신을 돌보기
어려웠다.
자신을 돌보기에 앞서
가족을
우선시했다.

아버지는 또 남편은
집을 떠났다
당당히 일제에 맞서 싸우러
가족을 먹여 살리러
일하러
때로는

이것저것 다
팽개치고 즐기려고도
유랑도 유리걸식도
혼란과 방황도 많았다
어머니는 아버지의
빈자리를 메우려
몸부림쳤다
시부모 시중하랴
들에 나가 일하랴
젖먹이부터
올망졸망 아이들
살피랴
큰딸은 어머니 따라
가족을 돌봤다
줄줄이 동생은 물론
오빠까지도.

햇님이 얼굴을
내밀기는커녕
어둠이 걷히기 전부터
으스름 저녁
달빛이 비치고
막내별이 초롱초롱
밤하늘 수놓을 때까지
아궁이 불 지펴 밥 짓고
빨래 방망이, 다듬이, 다림질
누에고치로 명주실 잣고
모시와 삼베 짜
철따라 옷 짓는

집안일부터
논일 밭일
동네일까지
닥치는 대로
어디 하나
손 안 가는 곳 없이

어머니에게 딸은
방패막이 도우미
맏딸이야 더할 나위 없다
서로가 서로를 의지하며
그렇게 살았다.

14

터진 손 어루만지며
부은 발 주무르며
아내로, 어머니로
딸로, 며느리로 그렇게
현모양처 불림 속에
자신에 앞서 가족을 위해
사회를 위해 때로는
민족을 위해

사랑도 했다
자신을 사랑하고
친구를 사랑하고
가족을 사랑하고
이웃을 사랑하고
사회를 걱정하고
민족국가를 꿈꿨다

삶을 사랑할 수밖에
사랑이 있었기에 버텼다
힘겨운 죽을 맛도
힘차게 이겨 내며
일하고
노래하고
춤 췄다.

언제나 혼자만은 아니었다
가족도, 친구도, 이웃도, 민족도
그들 곁에 있곤 했다
가까이, 더 가까이
때로는 무겁기만 한
짐이었고
때로는 아픔이고
버거운 고통이었을지라도
때로는 도망치고 싶고
때로는 벗어나고 싶기만 한
굴레였다
멍에였다
사방을 둘러봐도 갈 곳 없는
겹겹이 철창 속 갇힘이었다
실낱같은 돌파구도
피난처도 찾아볼 길 없는
꽉 막혀 갑갑하고
답답하고 막막하였다.

그래도 사랑이 있었다
하소연할 동무도

방글방글 아가도
애틋한 연인도
가족도 이웃도
함께하곤 하였기에
한 가닥 빛처럼
맑디맑은 샘물처럼
소망을 잃지 않았다.

한줄기 빛을 따라 걸었다
가냘프고 흔들릴지라도
샘물을 달게 마시며
한껏 힘을 내었다
함박웃음을 터뜨리며
울음을 참을 수 있는
기쁨이 솟을 때도 있었다
언젠가 승리하는 날이
오리라고.
자신을 알 수 있는 날도
자신을 찾을 수 있는 날도
보고 싶은 사람 볼 수 있고
그리웠다 말할 수 있고
기다렸다 얼싸안을 수 있는
손에 손 맞잡고
얼굴 비빌 수 있는
그런 날이 오리라
믿고 또 믿었다.

사는 것이
이런 거라 생각했으리

우는 날도 웃는 날도
흐린 날도 갠 날도
비 오는 날도 눈 오는 날도
바람 부는 날도 꽃피는 날도
단풍드는 날도 낙엽 지는 날도
있다는 걸.

어둔 날도 환한 날도
캄캄한 어둠 속에서도
어슴푸레 새벽을 기다리며
그렇게 살고 또 살았다
소리 없이 숨죽이며
있는 듯이 없는 듯이
그렇게 또 그렇게.

'하늘을 우러러 한 점 부끄럼 없는'
자신을 그리며
그날을 손꼽아
그려보고
또 그려보면서.

서시

윤동주

죽는 날까지 하늘을 우러러
한 점 부끄럼이 없기를,
잎새에 이는 바람에도
나는 괴로워했다.
별을 노래하는 마음으로
모든 죽어가는 것을 사랑해야지
그리고 나한테 주어진 길을
걸어가야겠다.

오늘밤에도 별이 바람에 스치운다.

2부

아름다운 여성들

1 _ 신여성

백석의 나타샤처럼

나, 거침없이 당당한
신여성이다
주저함 없이 배움에 돌진하다

나이 먹으면
시집가야 한다는
혼인하여
어른이 되어야 한다는
강박에 좇기며
저항하며
기왕의 가르침에
반발하며
집을 나와 헤매며
자신을 찾아
때로는 어긋나 실패하고

아주 드물게 성공하기도
심지어는 사진신부가 되어
멀리 멀리 하와이까지도
배움을 찾아 헤맸다.
싸우려면
아니 살려면
배워야 한다고
아는 것이 힘
먹고 사는 길도
문맹을 벗어나야
열린다고 믿었다.

가까운 식민지 본국
일본은 물론
미국으로 중국으로 유럽까지도
힘 있는 데까지
내달았다
힘닿는 대로 달리고
또 달렸다
공부하고 깨치고
언젠가 깨달아
자신의 길을 찾으러
가고 또 갔다
한 발 한 걸음.

세상을 알게 되고
식민지 사회에
눈뜨기도 하였다
자신을, 여성을 돌아보고

모성의 실체를 더듬어갔다
남편을 자녀를 가족을
오해도 했지만
이해해 갔다
사회를 배우고 알아갔다.

머리를 자르고
볶기도 하고
모자도 써보고
옷을 고쳐 입고
새로 디자인도 하고
양말, 구두를 신으며
시계를 차고
양산을 쓰고
뽐내기도 하였다.

기차를 타고
전차를 타고
자동차 운전하고
창공을 나르고
스케이트 타고
정구 치며
소풍(원족) 하고
해수욕도 해 봤다
더불어 서로를 돕고
어울려 위로하며
힘을 모으기도 하였다.

여성을 위하여
민족을 위하여
사회를 위하여
막힐 게 없었다
자유롭고 싶었다
하고 싶은 대로
자신의 방식대로
거침없는
신여성이었다.

잠시 다녀가듯
세상을 떠난 이도 있었다
추구하던 이상이
너무 높고
열정이 너무 뜨거워
불사르듯
사그라져
한 줌 재도 되어갔다
얼마나 외롭고 고달팠을까
십자가를 앞서 지고 가듯
얼마나 힘들고 아팠을까
사회의 냉랭한
외면과 비판이
쓰디 쓴 냉소가.

그래도 담담히
꿋꿋이 의연히
자신의 길을 가고
또 갔다. 거침없이

푸른 하늘 한 점 구름처럼
자유로운 영혼이 날아다니듯
조혼의 벽을 깨고
축첩의 폐습을 박차고
강제혼 매매혼
높디높은 장벽을
무너뜨리고
가부장제의 깊은 심연을
가르고 헤쳐 나오듯.

자신의 의지대로
사랑을 구가하고
결혼을 추구했다
스웨덴의 엘렌 케이처럼
자유로운 사랑과
평등한 부부도
읽고 듣고 배우고 깨달아
입센의 노라처럼
여성의 해방을 꿈꾸며
콜론타이의 『붉은 사랑』도
기꺼이 받아들이며.

아버지에게서 딸로
남편에게서 아내로
삶을 배우고
가족의 도움도 받았으나
때로는 그들에게조차 버림받고
냉대 받고 천대 받고
그래도 버텼다 의젓하게

자신이 옳다고 믿을 때는
아픔과 고통을 이겨내고
승리의 날을 꿈꾸며
기다렸다.

꿈이 마구 짓밟힌
것만은 아니다
자유연애와 결혼, 이혼
국제결혼까지
신식결혼이 생겨났다
피아노에 커튼을 드리운
문화주택도 세워졌다
잘 살아가는 듯
행복도 보여줬다.

집을 나와
남장하고 공부하고
헤매도
자립해간 덕분이었다.

학교 교사로
신문사나 잡지사 기자로
의사나 간호부, 산파로
전화교환원
운전기사나 비행사
무용가 가수 배우
백화점 점원이나
엘리베이터 걸
극장의 티켓걸로
가솔린 걸까지

여러 기관이나 회사 사무원

음악가, 미술가, 작가

무엇보다 여공으로

자신의 갈 길을 찾아

열심히 꿈꾸고

단단히 일궈나가며

자신을 실현해 갔다

때로 병들고

희롱당하고

처참히 죽기도 하였지만.

엘렌 케이(Ellen Karolina Sofia Key)
(1849~1926)

스웨덴의 여성사상가로 여성과 노동, 교육문제 등의 구조적
성격을 규명하는 종합적 연구를 하였다. 억압된 부인의 해방
과 아동 존중을 주장하여 스웨덴 안에서는 비난을 받았지만
국제적으로 널리 알려졌다. 특히 엘렌 케이의 사상은 입센의
희곡 「인형의 집」과 함께 1910년대 일본 유학을 경험한 신여
성의 연애관, 결혼관에 커다란 영향을 미쳤다. 서로 상대의 개
성을 존중, '피차 이해'라고 하는 것이 결혼 생활의 가장 중
요한 조건이라고 한 그의 연애도덕론과 자유이혼론은 봉건적
공동체를 해체하고 근대를 꿈꾸기 시작한 조선의 청춘남녀들
에게 복음과도 같았다.

백석의 「나와 나타샤와 흰 당나귀」의
주인공이 되어
"눈은 푹푹 나리고
 아름다운 나타샤는 나를 사랑하고
 나는 그와 함께 죽음도 마다하지 않았다"

언젠가 나타샤 되어
자기를 찾고
자신을 이루러
신여성은 날마다
피나게 싸워갔다.

2_농촌여성

빼앗긴 들에도 봄은 오는가

일제 강점기 농촌여성은
아직 농민이 아니었다
아니 농민 이상이었다
새벽에도 지지 않는 별처럼
그 새벽별은 뭐라고 하였을까?!
그 별을 보고 뭘 생각했을까?!

오늘날 시에 나오는
어떤 낭만, 로망, 희망?
소망? 반짝임? 아름다움?
별빛은 멀고도 가까워
눈을 감고도 볼 수 있었을 뿐
초저녁에 떠오른 초승달처럼
옛 미인의 눈썹 같나는
예쁘고 고운 달도

그들에겐 무엇이었을까
한낮의 불타는 태양처럼
이글거릴 수는 없더라도
눈부시지도 않았다
눈 붙이지 않았기 때문이다
아니 눈 붙일 수 없었다.

가장이란 남편은 이름뿐
늘 밖으로 나돌거나
있어 봐야 술과 노름
식민지 설움을
혼자 떠맡은 듯
가족은 둘째였다
민족과 겨레, 이웃이 짐이었다
가족을 돌보는 일은 언제나
덧없는 아내 농부의 몫이었다
아내로는 별로 할 일이
없었을지 모른다
남편의 떠남이
그리움으로 사무치기도 전에
마음 아파하거나
상처를 다독일 여유도 없이
연로한 시부모의 며느리로
올망졸망 새끼들의 어미로
막내 젖먹이 젖 빨릴 여가조차
없었다
조반 짓고 들에 나가
늬엇늬엇
해 질 녘에 돌아와

화덕에 불 지펴
시부모 봉양하고
아이들 거둬주고
밤새워 헤진 옷 깁고
쏟아지는 잠에
두 눈 부라리며
하루가 다가고
새날이 오고.

또 다음날
자신이 떠밀려 가듯
떠밀고 가듯
바람처럼 구름처럼
때로는 폭풍처럼 태풍처럼
눈보라치나 비바람치나
한결같이 가족을
보살피는 것은
아내였고 農婦(농부)였다.

못나기 짝이 없고
힘없기 한이 없어도
소보다 더 힘차게
남자보다 더 강하게
아내 농부는 오늘도 내일도
변함없이 한결같이
남편 가장을 하늘 같이 여기며
시부모를 어른으로 섬기며
자녀를 자신보다 더 사랑하며
그렇게 하루를 살고

또 하루를 살았다.
그들 앞에 일상의 고난은
단지 땀이고
피와 살, 몸이었다
아낄 것이 없었다
더할 것도
덜할 것도 없었다
온몸으로 부딪치고
온몸으로 싸우고
온몸으로 이겨냈다.

"사철 발 벗은 아내가
 따가운 햇살을 등에 지고 이삭 줍던 곳"
추억은 아름답지만
잔인할 때가 더 많았다
따갑고 쓰리고 아픈
상처 그 이상으로.

그래도 그들은
"나는 온몸에 풋내를 띠고,
 푸른 웃음, 푸른 설움이 어우러진 사이로,
 다리를 절며 하루를 걷는다.
 아마도 봄 신령이 지폈나 보다.
 그러나 지금은 — 들을 빼앗겨 봄조차 빼앗기겠네"
라고 부르짖는
남편들에게 아이들에게
빼앗긴 들을 찾아
돌려주려 하였다.

낮에는 호미질
밤에는 야학
오늘은 밭일
내일은 논일
모레는 품앗이
다음날은 뽕잎 따기
다음날은 삼을 잣고
다음날은 베 짜고
다음날은 삶아 빨기
다음날은 두드려 다듬어
다림질하고
옷 짓는 바느질.

전시 공출에
주린 배 틀어잡고
단단히 몸빼 입고
놋그릇 다 털어내고
뒷산 헤매 나물 캐고
나무껍질 벗겨 먹고
송진 긁고 송충이 잡았다
있는 것 없는 것
몽땅 털고 뒤져
위문자루 채우기
센닌바리(천인침)
한 땀 한 땀 뜨기까지
피와 살, 혼을 다 말렸다
그뿐이랴
성신대로 종군간호부로
군'위안부'로 끌려갔다.

농투성이 농부가
미쳐나갔다
유괴와 인신매매
사기를 당해
대낮의 헛된 꿈
생시인지 아닌지
끌려가고 밀려갔다
한없이 끝없이
정처 없이
북으로 남으로
지구 끝까지 쫓기며
알지 못하는 곳으로
두려움 속에 울며불며
불안한 몸과 맘 졸이며.

총알도 만들고
군복도 만들고
대공포에 쫓기며
방공호로 피하며
병원선에 실려
육군병원에서
군수공장에서
비행장에서
신작로 만들기에
인부로 잡역으로
가지 않은 곳이 없었다.

때로는
말하는 꽃으로

때로는
상처를 쓰다듬고 닦아주는
나이팅게일 같은
어머니로 누이로
더없는 아내처럼
군인의 눈물받이
핏물받이가 되었다
그 때 그들과 같이 울었겠지
어쩌면 웃었을지 모른다.

센닌바리
(千人針, 천인침)

일제의 아시아 태평양 전쟁 당시 한 조각의 천에 천 명의 여성
이 붉은 실로 한 땀씩 박아 천 개의 매듭을 만들어 출정 군인
의 무운 장구와 무사함을 빌며 그들에게 주었던 일종의 부적
(符籍) 같은 것, 센닌바리로 마음의 안정을 얻고 천인의 간절
함으로 총알이 비껴간다고 믿는 일종의 정신적 세뇌 작업으로
조선여성들에게도 강요되었다.

나어린 군인들도 가엾고
자신도 처량하기 짝이 없어
헛웃음인 듯 비웃음인 듯
웃기도 하고 울기도 하였다
죽지 못해 차라리 웃어야 할 듯
웃음인지 울음인지
그렇게 그들은 하루 죽고
하루 살았다
그래도 그들에게 돌아갈
들이 남아 있었다
한 가닥 희망을 살려
빼앗긴 들에도 봄은 오니까…

"검은 귀밑머리 날리는 어린 누이" 처럼
"삼단 같은 머리를 감고"
"내 손에 호미를 쥐고"
"살찐 젖가슴 같은 부드러운 이 흙을
 팔목이 시도록 매고" 싶어

그리도 하고 싶어
할 수만 있다면
날마다 같은 꿈을 꾸었다
그리고 살아남았다.

빼앗긴 들에도 봄은 오는가

이상화

지금은 남의 땅 — 빼앗긴 들에도 봄은 오는가?

나는 온몸에 햇살을 받고
푸른 하늘 푸른 들이 맞붙은 곳으로
가르마 같은 논길을 따라
꿈속을 가듯 걸어만 간다.

입술 다문 하늘아 들아
내 마음에는 내 혼자 온 것 같지를 않구나
네가 끌었느냐 누가 부르더냐
답답어라 말을 해다오

바람은 내귀를 속삭이며
한 자국도 섰지 마라 옷자락을 흔들고
종다리는 울타리너머에 아씨같이
구름뒤에서 반갑다 웃네.

고맙게 자란 보리밭아
간밤 자정이 넘어 내리던 고운 비로
너는 삼단 같은 머리를 감았구나
내 머리조차 가뿐하다.

혼자라도 가뿐하게 가자.
마른논을 안고 도는 착한 도랑이
젖먹이 달래는 노래를 하고
제혼자 어깨춤만 추고 가네

나비 제비야 깝치지 마라
맨드라미 들마꽃에도 인사를 해야지
아주까리 기름 바른 이가 지심 매던
그들이라 다 보고 싶다.

내손에 호미를 쥐어 다오
살찐 젖가슴과 같은 부드러운 이흙을
발목이 시도록 밟아도 보고
좋은 땀조차 흘리고 싶다.

강가에 나온 아이와 같이
짬도 모르고 끝도 없이 닫는 내 영혼아
무엇을 찾느냐 어디로 가느냐
우스웁다 답을 하려무나.

나는 온몸에 풋내를 띠고
푸른 웃음 푸른 설움이
어우러진 사이로
다리를 절며 하루를 걷는다
아마도 봄 신령이 잡혔나 보다.

그러나 지금은 — 들을 빼앗겨 봄조차 빼앗겼네

향수

정지용

넓은 벌 동쪽 끝으로
옛이야기 지줄대는 실개천이 휘돌아 나가고,
얼룩백이 황소가
해설피 금빛 게으른 울음을 우는 곳,

---그 곳이 참하 꿈엔들 잊힐리야.

질화로에 재가 식어지면
뷔인 밭에 밤바람 소리 말을 달리고
엷은 졸음에 겨운 늙으신 아버지가
짚벼개를 돋아 고이시는 곳

---그 곳이 참하 꿈엔들 잊힐리야.

흙에서 자란 내 마음
파아란 하늘 빛이 그립어
함부로 쏜 화살을 찾으려
풀섶 이슬에 함추름 휘적시던 곳,

---그 곳이 참하 꿈엔들 잊힐리야.

전설 바다에 춤추는 밤물결 같은
검은 귀밑머리 날리는 어린 누의와
아무렇지도 않고 예쁠것도 없는
사철 발 벗은 안해가
따가운 햇살을 등에 지고 이삭 줏던 곳,

---그 곳이 참하 꿈엔들 잊힐리야.

하늘에는 성근 별
알 수도 없는 모래성으로 발을 옮기고,
서리 까마귀 우지짖고 지나가는 초라한 집웅,
흐릿한 불빛에 돌아 앉어 도란 도란거리는 곳,

---그 곳이 참하 꿈엔들 잊힐리야.

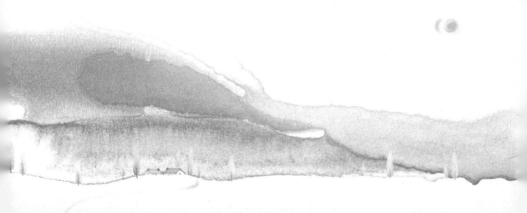

3_노동여성(여공)

그날이 오면

여공도
딸로 아내로
가족을 돌봤다
부모를, 자녀를 위해
오빠, 남동생을 위해
방직공장 제사공장을 전전했다
기숙사에서 배를 곯았다.

고달프게 일하며
감독의 학대를
견뎠다
잔혹한 눈초리
막 퍼부어 대는 쌍소리
소름 놓는 몸의 부딪침
희롱과 폭력까지.

여학생을 가장 부러워하고
또 부러웠지만
언젠가 여학생처럼 되리라
소망하며
동료들끼리 정을 나누기도
운 좋으면 야간학교로
젊음과 배움의
열정을 불태웠다.

동맹파업도 해봤다
단식도 하며
피 흘리며
연대하고 투쟁해도
장시간 저임금은 그대로였다
밤낮없이 일하고
쉬기는 한순간
쏟아지는 잠은
부족하기만 했다
여성가장으로
공장 일을 마다하지 않았다.

고무공장에서
아이 안고 젖 먹이며
고무신을 붙이고 또 붙였다
지칠 틈조차 없었다
연초공장에서 담배를
성냥공장에서 성냥을
탄광에서 선탄 작업
정미소에서 선미도

공사장의 인부 잡역도
닥치는 대로 일하고
또 일했다
하지 않으면 굶어 죽고
가족은 사라질 테니까.

12시간 장시간 노동
십 전 이십 전
싸디 싼 임금
다꽝 한 조각
멀건 된장 국물 한 모금
그것도 모자라
영양실조
지치고 굶주려
병들어 아프고
손가락이 익어나가고
폐가 삭아나갔다
원치 않는 임신당하고
남몰래 시름시름
아프다 죽어갔다.

산업병 공장병에
스러져 가는 신세
여공이었다
가족을 다 구하지도 못하지만
자신을 살리기는 더 힘겨웠다
식민지 사회의 가족에
피땀을 날리고 말려
얼룩지는 상처투성이

자신을 가누기 어려웠다
가족은 짐이었다.

그래도 괜찮은 듯
당연히 그래도 된다는 듯
저항보다 순응했다
주어진 운명인 양
스스로 적응해 갔다.

거기서 탈출하면
또 다른 길이 열렸을까
농촌에서 도시로
더 큰 도시로
중국 만주 일본까지
유리걸식하며
찾고 또 찾아 헤매다
카페 여급으로
요리점 하녀 작부 창부로
권번 기생으로
히야까시 걸(희롱녀)이 되어갔다
심지어 군'위안부'로도
아리따운 청춘이
한순간 허공으로 날아간다
저 구름 한 점 흘러가듯
간데 온데 없이.

여학생 같은 꿈조차도
순식간에 사라진다
훨훨훨훨 멀리멀리

안타까움만 남고 남아
발을 동동 굴려 본다
안절부절 자신을
찾아보려 해도
청춘은 온데간데없다
몸은 삭아 무너지고
마음은 황폐해 간다
무엇에 기대야 할지
무엇에 하소연할지
아무도 없다
아무도 모른다.

그래도 살아남은 자가 있다
잡초의 풀뿌리가
강하디 강한 것처럼
심훈의 「그날이 오면」을
알기나 한 듯.

"그날이 오면은
삼각산이 일어나 더덩실 춤이라도 추고
……
두개골은 깨어져 산산조각이 나도
기뻐서 죽사오매 오히려 무슨 한이 남으오리까."

그랬다
그들은 한을 삭이고
아픔을 이기고
고통을 떨쳐내
어둠을 벗어나

새벽의 미명을 기다리며
새날
그 날이 올 것을 믿었기에
분명.

동맹파업 단식투쟁
싸우고 싸우다
감옥에도 갔다
병들어 죽어갈지라도
동맹하고
단식하고
연대하며
싸우고 또 싸웠다
자신과 가족을 위해
이웃과 민족을 위해
여공도 인간임을
부르짖었다.

권번 기생

조선시대의 기생들은 주로 관기(官妓, 관에 속한 기생)였는데,
일제의 정치적 의도에 의해 재조직되어 1908년 관기가 해체되
고 기생조합이 만들어지면서 일본식 권번 기생으로 변모되었
다. 당시 기생들이 기적(妓籍)을 두었던 조합. 검번(檢番) 또는
권반(券班)이라고 하였는데, 예컨대 서울의 한성권번(漢城券
番)·대동권번(大東券番)·한남권번(漢南券番) 등, 평양의 기성
권번(箕城券番), 부산, 진주 등 주로 큰 도시에 있었다.

그날이 오면

심훈

삼각산(三角山)이 일어나 더덩실 춤이라도 추고,
한강(漢江)물이 뒤집혀 용솟음칠
그날이,

이 목숨이 끊기기 전에 와주기만 할 양이면
나는 밤하늘에 날으는 까마귀와 같이
종로(鐘路)의 인경을 머리로 들이받아 울리오리다.

두개골은 깨어져 산산조각이 나도
기뻐서 죽사오매 오히려 무슨 한(恨)이 남으오리까.

그날이 와서, 오오 그날이 와서

육조(六曹) 앞 넓은 길을 울며 뛰며 딩굴어도
그래도 넘치는 기쁨에 가슴이 미어질 듯하거든

드는 칼로 이 몸의 가죽이라도 벗겨서
커다란 북을 만들어 들쳐 메고는
여러분의 행렬에 앞장을 서오리다.

우렁찬 그 소리를 한 번이라도
듣기만 하면

그 자리에 거꾸러져도
눈을 감겠소이다.

4 _피해여성 1(여자정신대)

깃발

어느 날 갑자기
정신대로 나가면 좋다는 선생님
수업 시간에도 쉬는 시간에도
가정방문에서도
쉼 없이 권하였다
돈도 벌고
공부도 할 수 있다고
어린 맘에 솔깃했다
부모님께도
걱정 말고 보내라고
좋은 일이라고.

한줄기 불안이 없을 리 없지만
교장선생님도 면장님도
좋은 일이라고 하는데

조그만 설렘과
두려움 불안과 위협을 느끼며
의구심을 가지면서
친구 따라 나섰다.

학교 운동장에서
군청 앞 광장에서
출정식도 가졌다
이곳저곳에서 몰려온
여리고 새파란 여학생
상큼한 처녀들
재잘거리며 생글생글
철없는 웃음소리도
시큰둥 시무룩한
침묵 소리도
가족과의 이별이 슬퍼
눈가가 촉촉하기도
엉엉 울기도.

정든 고향을 떠나
어딘가로
멀리 멀리 간다는데
착잡함도
왠지 모를 서글픔도
서러움도
다시 올 수 있을까
불안감 두려움이
두근두근
온몸을 휩쌌다

온몸에 감전된 듯.

신사참배 궁성요배 신민서사
교장 훈화 주의 사항
출정식이 끝난 뒤
조별로 나뉘어
이리저리 흩어져 갔다
기차도 타고
트럭도 타고
군함도 타고
정말 어딘지도 모르는
멀고 먼 곳으로.

막막했다
답답했다
작은 가슴이 터질 듯
설렘은 사라지고
안절부절
그리움, 안타까움이
뼈까지 사무치듯
온몸을 조여 왔다.

낯설디 낯선 곳에서
어두운 아침을 맞았다
햇살은 여전했지만
광장에 다시 모여
한 명 한 명
점호 뒤 훈화 듣고
체조인지 훈련인지

동여맨 머리띠
치켜든 각목
배 갑판에서 하던 짓을
부려 먹기 위한 신체 단련
살아남기 위한 생존 전략
치떨며 발버둥 치면서도
열심히 따라 하였다.

공장에 배치 받아
군복을 꿰매고 만들었다
단추도 달고
구멍도 내고
단순 작업을 하고 또 하고
손이 부르트고 갈라져
피가 터지도록 했다.

어느 공장에서는
총알도 만들었다
온종일 서서
불량품인지 아닌지
품질 검사 했다
내 몸은 완전 기계였다
한 개 부품처럼
자로 재듯 작동했다
내 의지와 상관없이
기계 같이
신통하게 일할 뿐
감각도 감정도
아무것도

남을 게 없었다.

배가 고팠다
왕성한 식욕에
웬만한 식사로는
어림도 없거늘
기숙사의 멀건 국물
다꽝 한 조각
주먹밥 하나로
성이 찰 리 없었다
뱃속의 쪼르륵 소리
일을 감당하는데
문제될 리 없다
책임량을 해내지
않으면 안 되니까.

단지 살아남아야 한다는
일념으로
일하고 굶주리고
또 일하고 굶주려도
살아남았다
돌아왔다
죽어간 동료들을 뒤로 하고
얼마만인가
고국을 밟을 수 있었다.

그러나
그들을 기다리고 있던
사람들은 냉랭했다

고생했다는 위로보다는
전쟁에 일조했다는 비난의
비웃음 소리
눈초리가 따가웠다
가족의 환대조차 버거웠다
별 도움 되지 못했다는
이유 같지 않은 이유로
임금도 받지 못한 채
보상은 더욱 멀고 먼
꿈으로 남아 있을 뿐.

가기 전의
소망은 한줌
먼지가 된 채
간 곳조차 모른다
무엇 하나
남지 않았다.

해방된 조국도
그들에겐 절망과 좌절
시련과 눈물의
간고의 세월만 안겨줄 뿐.

혹시 하는 맘에
시집을 갔다
기다리는 건 가난
시집살이
남편의 억압과 학대
자녀의 질병과

끝없는 심한 노동
무엇이 더 있으랴
지치고 힘들게만 했다.

그래도 버텼다
전장에도 다녀온 몸
무엇에 비기랴
무엇에 항복하랴
이겨냈다
전장 못잖은 생활을
온몸으로 부닥치며
싸워냈다.

몇십 년 후
보상 투쟁에 나섰다
새로운 싸움의 기회가
기를 불어넣어주고
삶의 활력소가 되어줬다
춤추듯 노래하듯
새로운 전선에
나섰다
동료를 만나고
단체를 만들어
연대하고
전열을 정비하며
반가움과 기쁨에
환하게
웃었다.

나날이 살아 움직이듯
새로 태어난 듯
생동하며
열심히 뛰었다
달리고 또 달렸다
전국을 헤집고
일본으로 내달았다
시민단체와 연대했다
국회 나가 진술 하고
돌아보지 않는 사회에 호소했다
소송도 마다하지 않았다
어렵사리 이겼지만
기대한 보상은
없었다.

의미는 있었다
자신들을 알리고
전쟁의 실체를
피해자의 상처를
역사의 실상을 찾아내
역사를 바로 잡았다
투쟁의 보람은
개인적 보상에
못지않았다.

이제야 그들은
전쟁의 굴레에서
해방되었고
진정으로 웃을 수 있다

자신도 한 인간으로
존엄성을 되찾았다고.
일본의 사과와 보상이
제대로 되지 않았다 하더라도
그들의 저항과 투쟁이
옅어지지 않을 것이므로.

"이것은 소리 없는 아우성
 저 푸른 해원(海源)을 향하여 흔드는
 영원한 노스텔지어의 손수건"

푸르른 깃발을 가슴에 품고
그리워하던 깃발을 날리고
노스탤지어의 손수건처럼
해원을 넘어 펄럭이며
승리하고 돌아왔다.

5 _ 피해여성 2(군 '위안부')

아리랑

아시아 태평양 전쟁
최대 희생자는
군 '위안부' 여성이다
뭘 알고 갔겠는가
멀고 먼 그 길을
험하고 험한 길을
그들은 끌려갔다
막막했다.

밥이 있을 줄
돈이 있을 줄 꾐에 빠져
무조건 강제적으로
어느 곳엔가 모이고
어느 때는 화물차 타고
어느 때는 군용 트럭도

기차도 군함도 상선도
닥치는 대로 타고
일본군 명령 따라 끌려갔다.

생전 처음 받아보는
성병 검사도
마다 할 수 없었고
댕기 머리 잘리고
검은 치마 흰 저고리는
일본식 간단후꾸(원피스)로
썰렁하게 텅 빈 방
머리맡 대야에는
붉으스레 소독물.

씻고 또 씻어도
지워지지 않는 수치심
상처로만 남은 모욕감
온몸과 온 맘이
찢기고 또 찢겼다
때로는 이층 단칸방
홑이불 하나
때로는 밀림 속 움막
담요짝 한 잎
방공호 안에서까지
허허 들판에서조차
군이 시키는 대로
닥치는 대로
밤낮 없이 당했다
자신은 아무 존재도

아니었다
결단코.

어쩌면 누이처럼
어쩌면 엄니처럼
동생처럼
모두가 전쟁 도구
아니었던가
거듭되는
성적 희롱과 폭력
강간의 아픔을
곱씹고 곱씹어
가슴에 피멍울 맺혀
새겨져갔다
같은 피해자라 해도
동병상련이라 해도
다만 순간
한순간에 지나지 않았다.

대공포에 쫓기며
총탄과 화염 속에서
몸이 터져 나가기도 하고
삶의 수치를 안고
포로로도 연명하였다.

정글의 산 속으로
열병을 앓으며
장질부사도
말라리아도

온갖 풍토병
결국 죽어나간 동료
하늘도 무심하였다.

굶주리며 헤매다
울고 부르트고
이 악다물며
살아남기도 했다.

귀국선에도
쉽게 타기 어려웠다
배에서는 따가운 눈총
조롱과 욕설에
멸시에 시달리며
못난이 중에서도
가장 못난이로
비천함에서도
가장 큰 비천함으로.

간신히 인천항
부산항에 닿아
흰가루(소독약 DDT) 뒤집어쓰고
호열자를 피해
하염없이 기다리다
흙에 입맞췄다
고향을 만났다.

몇 푼 차비를 얻어
기차로 버스로

걷고 또 걸어서
부모님이
형제 자매가 있는
집으로 갔다
어디서 뭘 했는지
말할 수 없었다
상거지 빈털터리
나이가 차서
돌아온 그들은
반김을 받을 수 없었다
말 그대로 퇴물이었다
새로운 멸시가 쏟아졌다
몸 둘 바를 모르는 수치심
모욕감
어찌 할 거나
짓밟힌 내 청춘.

시집을 가기도 했다
자신을 밝히지 못했다
절대 하지 못할 짓을 한 듯
해서는 안 될 짓을 한 듯
들킬까 맘 조렸다
날이 갈수록 신경이 곤두섰다
그 시절 그 아픔이
알려질까 두려워
숨기고 또 숨기며
혼자 앓고 또 앓아
심신이 망가져갔다.

재취로 가기도 했지만
불임이 많았다
소박을 받았다
남자가 싫어
피하고 도망쳤다
전국을 떠돌다
미군 상품도 팔다
내 몸도 파는
양공주로
이짓저짓 다 하며
이리저리 굴러다녀
엎어지고 자빠지며
바퀴벌레 같이
하루살이 같이
살아갔다.

그악하게 살아 돌아온
고국이기에
싸워보지도 않고
죽을 수는 없었다
그렇게 굴러다니다
뒤늦게 타향에 정착해
정붙이고 살기도
전처 자식을 키우기도
양자녀를 들이기도
외로움을 달래보고
노후를 기대고도 싶었다.

중국이나 동남아

일본, 오키나와 등지에서
돌아오지 못한 채
우리말을 잊고
자신도 잃은 채
평생 그곳에서
외국인으로
고달프게 살기도 했다
여든도 넘어
겨우 방문한 조국은
고국이 아니었다
이미 다 잊어
알 수 없는 사람들
잊혀진 자신
어디가 어딘지도 모르는 고향
쓸쓸하고
쓸쓸할 뿐
하염없는 그 마음
오히려 다행이었다.

이미 나를 버리고 가신 님
십 리도 못 가 발병 나
더 이상 갈 수 없는 그 곳
아리랑 고개일 뿐
그들에겐 고향도
가족도 친지도
낯설고 잊혀진
단지 아리랑 고개
아리랑 아리리오
아리랑 고개를 넘어

넘어 또 넘어 가는
발병 날 내 님은
알지도 찾지도 못한 채
그저 아리랑 아리랑
고개일 뿐
아무 것도 아니었다.

그곳은 내가 놀던 곳
내가 쉬던 곳
내가 그리던 곳
꿈에라도
생시라도
잠시 방문하곤
고국에서 살아보려
애도 써봤다.

지쳐서
되돌아가기 쉬웠다
몇십 년 산 그곳이
내가 살 곳이라며
어쩌면 그곳에 묻히는 것이
차라리 나을지도 모른다고
돌아서 가는
뒷모습은
더 우울했으나
절망의 벽을
죽음의 소망으로
되짚으며.

서글펐다
어려서 아무 것도
모른 채 끌려가
젊음을 다 버리고
살아남은 그곳
그곳이 끝내
어딘지 잘은 몰라도
거기가, 그곳이
삶의 터전이었다
거기서 쓸쓸히 삶을
마감하기로 했다.

전쟁은 처참하고
비참했다
개개인 파괴는
아랑곳없이
내 젊음이 앗겼는지
내 가슴이 쓰렸는지
내 생이 다 닳았는지
누구도 알 리 없고
누구도 알 바 아니었다.

산다는 것이
허망하고 허무해도
무심히 살았다
그저 그렇게
흐르고 흐르다
때로는 먼 훗날
새로운 훗날을 보며

웃기도 했다
희망을 갖기도
기쁨을 맛보기도
이게 인생이라고
그렇게 살다가는 것이라고.

그들은 아직도
그렇게 살고 있다
있는 듯
없는 듯 그렇게.

아! 그러나
이제는 아니다.
1990년 이래 새날이 밝았다
그렇게 숨죽이며 살던 그들도
세상을 찾게 되었다
아니, 세상을 더듬고 더듬어
다른 피해 여성들을 보듬고
사회의 약자들을 껴안았다
그들만큼이나 아픈,
그들보다 더 이플 수는 없겠지만.
온 세계를 향해
어디서나 누구에게나
전쟁의 피해를 알리고
여성인권을
바로 세우고자
침묵을 깨고
큰 소리로 외치고
또 외쳐

인류 평화를 이루는 데
남은 생을 다하는
투사가 되기도 하였다.

아직도 이들의
일제에 대한 저항
반전을 향한 삶은
계속되고
열정은 식지 않는다
일본의 사과와 보상이
제대로 이뤄지는
그날까지.

아리랑

아리랑 아리랑 아라리요
아리랑 고개를 넘어간다

아리랑 아리랑 아라리요
아리랑 고개를 넘어간다

나를 버리고 가시는 님은
십리도 못가서 발병난다

아리랑 아리랑 아라리요
아리랑 고개로 넘어간다

아리랑 아리랑 아라리요
아리랑 고개를 넘어간다

청천 하늘엔 별도 많고
이내 가슴에 수심도 많다

저 산에 지는 해는 지고 싶어 지나
날 버리고 가시는 님은 가고 싶어 가나

아리랑 아리랑 아라리요
아리랑 고개를 넘어간다

6_여성독립운동가

여성도 사람이고 조국이 있다

이름은 '타고난' 여성!
그러나 남성 못잖았다
아니, 그들을 뛰어 넘은 여성들
일찍이 안사람 의병장 윤희순
시베리아 벌목꾼 사이에서
러시아와 민족 혁명을 꿈꾼
김알렉산드라 스탄케비치
평양의 송죽회 여성들
기생의 신분을 뛰어넘은
수원의 3·1운동 김향화
대한민국애국부인회
좌우의 통일체 근우회
조선의 여성들은
항일독립투쟁에 나섰다.

멀리 시베리아
유라시아뿐 아니라
중국, 일본, 하와이 등
해외에서도
하고 많은 여성단체 여성조직
항일독립운동가의 어머니로
항일독립운동가의 부인으로
항일독립운동가의 딸로
아니, 누구의 가족
여성으로서가 아니라
저 자신으로
한 인간 여성으로.

여리디 여린 몸이지만
강하고도 강한
매몰찬 심기를
열의로 불태우며
차가운 의지로
끝내 해냈다
항일독립운동을.

만세시위
후진 양성
무장 투쟁
수많은 고비를 뛰어넘는
무력항쟁
스스럼없이 내던지는
유격대로
짬 나는 대로

교육운동
의식화운동
의식주 해결
생활 개선
노동운동
사회운동
여성운동.

국가와 국가의
경계를 뛰어넘고
일제의 삼엄한 눈을 피해
비밀 조직 만들고
군자금 모우고
조직의 연락책 되고
항일독립운동가의 수족 되어
그들을 먹이고
입히고 살렸다.

한시도
자신을 돌보기는커녕
잠잘 시간
식사 시간 아껴
빼앗긴 나라
헐벗은 민족
힘없는 여성
생각하는 마음
항일독립운동가의 가족으로
스스로 항일독립운동가로
자신을 아낌없이

헌신하고 희생했다.

그 길이 자신이 갈 길
그 길이 가족을 살리는 길
그 길이 나라와 민족을
살리는 길이라고
한 치의 의심도 없이
굳게 믿고 또 바랐다.
일제에서 해방되기를
독립하기를
그 길 없이는 자신도 없다고
그런 믿음과 소망, 헌신이
가족을 살리고
민족도 살리고
나라도 살렸다.

여성독립운동가!
그 이름 하나하나
푸른 하늘에 떠올리고
높은 산에 메아리치고
깊고 깊은 바다
땅 끝까지
큰 바위 흰 모레알에
아름답게 마냥
새겨두리라

이 세상 자유와 정의
평화와 행복을
기리며 영원토록

당당히 거침없이
우리 여성을
겨레를 돌봐주고
지켜주리라.

송죽회

1913년 평양숭의여학교 교사 황에스터와 김경희 그리고 이들의 동창이
며 교회의 중진인 즉, 안정석 등이 중심이 되어 조직한 비밀결사여성단
체. 서울과 전국 교회 여성을 중심으로 활동한 이들이 비밀조직을 확대
하면서도 발각되지 않았던 것은 투철한 항일구국정신과 더불어 엄격한
회원가입제 때문이었다. 3·1운동 당시에는 이 조직을 바탕으로 독립선
언서·태극기 등을 전달하고 평양 등 각 지역의 만세시위에 참여했다. 대
한민국애국부인회 조직과 활동에 있어서도 송죽회의 기여가 컸다.

근우회

차미리사·김활란·김일엽·길정희·정칠성·유영준·이현경·박원희·최은
희·정종명·신알벳트·황신덕 등 사회 각계각층에서 활약하는 여의사·
교사·기자·종교인·문학인·주부, 학생 등 40여 명이 1927년 4월 발기
한 여성좌우대통합단체이다. YWCA 강당에서 열린 창립총회에는 회원
150명이 참여하였으며, 창립이념은 강령에 나타난 여자의 단결과 지위향
상이었다. 1,000만 조선여성이 가장 불리한 지위에 처해 있는 이유로 청
산되지 못한 구시대의 봉건적 유물과 현대적 모순을 지적하고 해소론이
대두되는 1931년 초까지 4년여 동안 국내외에 70여 지회를 조직, 식민지
조선여성을 위한 의미 있는 활동을 활발히 전개하였다.

윤희순(1860~1935)
구한말 항일투쟁의 선봉에 섰던 한국최초의 여성의병장.

김향화(金香花)(1897~ ?)
기생으로 수원의 논개로 불린 항일독립운동가.

님의 침묵(沈默)

한용운

님은 갔습니다. 아아 사랑하는 나의 님은 갔습니다.

푸른 산빛을 깨치고 단풍나무 숲을 향하여 난 작은 길
을 걸어서 차마 떨치고 갔습니다.

황금의 꽃같이 굳고 빛나던 옛 맹세는 차디찬 티끌이
되어서 한숨의 미풍에 날아갔습니다.

날카로운 첫 키스의 추억은 나의 운명의 지침을 돌려
놓고 뒷걸음쳐서 사라졌습니다.

나의 향기로운 님의 말소리에 귀 먹고 꽃다운 님의 얼
굴에 눈멀었습니다.

사랑도 사람의 일이라 만날 때에 미리 떠날 것을 염려하고 경계하지 아니한 것은 아니지만, 이별은 뜻밖에 일이 되고 놀란 가슴은 새로운 슬픔에 터집니다.

그러나 이별은 쓸데없는 눈물의 원천을 만들고 마는 것은 스스로 사랑을 깨치는 것인 줄 아는 까닭에 걷잡을 수 없는 슬픔의 힘을 옮겨서 새 희망의 정수박이에 들어 부었습니다.

우리는 만날 때에 떠날 것을 염려하는 것과 같이 떠날 때에 다시 만날 것을 믿습니다.

아아, 님은 갔지마는 나는 님을 보내지 아니하였습니다. 제 곡조를 못 이기는 사랑의 노래는 님의 침묵을 휩싸고 돕니다.

3부
다채롭게 빛나는 여성들

1 _ 남자현(1872~1933)

독립의열투쟁의 여전사

"만일 너의 생전에 독립을 보지 못하면
 너의 자손에게 똑같은 유언을 하여
 내가 남긴 돈을 독립축하금으로 바치도록 하라."

일생을 조국과 민족에 바친
남자현의 아름다운 유언

경북 안동 학자 집에
태어나 어려서부터
학문과 인격을
닦고 키웠다

열아홉에 아버지가 맺어준

김영주와 혼인했으나
몇 년 안 돼
항일의병 남편이 전사
울분을 참고 누르며
10여 년간 며느리로
어머니로
3대 독자 유복자와 시부모 봉양
정성껏 누에 치고 명주 짜며
가계를 이어간 효부

3·1운동이 일어나자
바로 상경하여
독립선언문 배포
남편의 길 이어
항일구국에로
마음을 다잡고
목숨을 내놓기로

아들보다 먼저
압록강 건너
요녕성 통화현
김동삼을 찾아
서로군정서 가입
군사들 뒷바라지
도맡아 했다
북만주 농촌을 누비며
10여 개 교회와
20여 곳 여자교육회 설립
여성 의식 계몽

여권 신장
인재 양성
항일독립운동가들 사이
파벌 분파싸움
크게 개탄하여
산중의 금식기도
피눈물로 호소하여
화해와 통합을 끌어냈다

망명생활 6년 만에
사이토 마코토 조선 총독
암살하려 국내 잠입
큰일을 도모했으나
실패하고 돌아가며
쓴맛을 삼켰다

길림서에 구속된
상해임시정부 안창호
일제에 넘겨질 위기
길림사건비상대책반으로
구명운동에 앞장섰다
누구라도 옥중에 있을 때면
정성 다한 옥바라지

하얼빈에서 든든한 후원자
김동삼이 감옥에 있을 때
친척으로 위장 면회
그의 지시를 동지들에게
전하는 연락책

구출할 계획도 세웠으나
역시 실패하기도
항일운동에 병들고
상처받은 젊은이들
어머니처럼
돌보고 위로했다

1932년 하얼빈에 온
국제연맹조사단에게
일제 만행을 고발
나라 잃은 무명민(이름 없는 백성)
무명지를 잘라
서럽고 아픈 이 나라의
뜻을 알릴 수만 있다면
애절한 간절함으로
왼손 무명지 두 마디 잘라
'조선독립원'이라
혈서 쓰고
손가락과 같이
흰 수건에 싸서
조사단에 전하려 했다

배달 사고로 끝났지만
오직 단 하나 염원
조선민족 독립을 향한
두려울 것 없는
강인한 정신력
민족 독립 향한 절규
놀랍기만 한 그 의지
투쟁 정신

1933년 3월 1일
일제의 만주국 건국행사
주만주국 일제전권대사
육군대장 부토(武藤信義) 없애고자
거지할멈처럼 꾸미고
권총 한 자루에 탄환
장춘(당시 신경)으로 향하다
일경에 잡혀 모진 고문

보름간 단식
옥중 투쟁
죽을 지경에 이르러
조선인 여관에 나와
보석 치료 받았으나
"독립은 정신에 있다"
유언을 남기고
순국의 길로 나갔다

30년간 만주에서
모든 어려움 달게 받으며
오로지 자신을 내놓은
남자현
61세에 조용히 자는 듯
하늘나라 들어갔다

일제의 날 샌 경계 속
하루 만에 장례 치르고
남강외인 묘지에 안장됐다

그를 잊지 못한 하얼빈 조선인
동지들
따로 날을 잡아
'독립군의 어머니'로
비석에 공로를 새겼다
이제 무덤은 간데없고
국립묘지에 가묘로 이장되었다

그가 남긴 중국 돈 248원
1946년 3·1독립 기념식에서
김구 이승만에게 전해졌다

양반 가문 귀한 딸
의병장 아내로
어머니와 며느리 노릇
타고난 여성스러움은
시절 따라 용감무쌍한
여걸 되어
서슬 푸른
항일 무장 투쟁
죽도록 하다
일생을 마감했다

구국 항쟁 정신
지워지지 않고
빛이 되어
더 빛나리라.

2 _ 조신성(1874~1953)

독신의 여장군, 어머니로 기림 받다

말 그대로 여장군
평북을 호령하고
전국을 뒤흔들었다

평북 유복한 집에
태어나
총애를 받았건만
애비 없이
조부 손에
모친도 일찍 여위어
고모의 돌봄 속에
16세에 강제 혼인
자녀 없이 22세

아편 중독 자살한 남편
의주에서 기독교인 되어
24세에 서울로
상동교회 다니며
이화에서 공부하고
졸업 후 소학교 교사
이화 기숙사 사감도

활달한 성격에
사회운동가들과
쉽사리 좋은 만남
사귐을 갖고
차미리사에게서
큰 배움 주고받았다

이준과 함께
조선부인회 조직
이화학당 교사로
국채보상운동도 했다

일본 유학 중
병이 들어 졸업도 않고
귀국 후 부산에서
아이들을 가르쳤다
존경과 사랑을
한 몸에 받아
"달아달아 밝은 달아
 조신성이 놀던 달아"
노래까지 유행했다

외국인 교장과
뜻이 맞지 않아
자리를 박차고 귀향

평양의 쓸어져 가는
진명여학교 맡아
여학생을 몇 배로 늘린
성공한 여성교육운동가
근우회 중앙회장으로
평양근우회 회관도 세우고
중국 넘나들며
항일독립운동가 돕고
평북 영원 덕천 맹산 3개 군
청년 모아 맹산독립단
일명 대한독립청년단
여장군 되어
6천여 원 군자금 모우고
무장 투쟁 준비했다

옥중에서 만난 교도관
단원 삼아
선전물 만들고
일본 관헌 협박
관청을 폭파하고
운반차 습격하여
관비를 탈취하고
상해 임정 도우려 한
크고 대담한
엄청난 일들

일제를 떨게 하여
단원 수십 명 중에는
사형 당한 자도 있었다

조신성
이미 치안유지 방해죄로
6개월 수감 중
다시 새 법정에 서서
당당하게 시치미 떼며
부하들을 감싸주고
2년 6개월 형을
더해 받았다

연로하나 쉼 없는 운동가
출감 후 고향에서
인재 양성과 운동가 돌봄에 헌신
곳곳에 고학원 세우고
안창호와 동지 위한
수양관 지어줬다

혈혈단신
민족과 여성만 생각한
그의 노고에
동아일보는
1934년 9월 20일
평양 모란봉 앞 대동강변
회갑 잔치 열어
감사하고 축하했다
조만식은 축사로

"早晨星(새벽별)"이라는
별명 이름 불렀다

치마 두른 여장부
이름 그대로 당당하게
빛나는 조신성
해방 후 김일성 아래
견디지 못했다
고향과 이웃을 버리고
동지 찾아
과감히 서울로.

대한독립청년단

1920년 대한독립청년단연합회 평안남도 총무 김봉규(金琫圭)
가 평안남도 각 군을 돌아다니며 만든 대동군의 청년단과 조
신성이 조직한 영원·덕천·맹산 지방의 청년단, 두 개 단체가
같은 목표를 가지고 항일투쟁을 펼쳤다. 독립군자금을 모금
하여 대한민국임시정부에 보내고, 대한민국임시정부로부터 무
기를 배급받아 친일분자를 처단하며, 항일독립전쟁이 개시되
면 결사대를 조직해 무력투쟁을 전개하고, 국내에 파견되어
오는 항일독립운동가들에게 숙식을 제공하고 안내를 하는 것
등이었다. 조신성의 대한독립청년단은 맹산군 선유봉 호랑이
굴 안에 본부를 두고 안국정(安國鼎)·이원보(李元甫)·나병삼
(羅炳三)·나신택(羅信澤)·예준기(芮俊基) 등 수백 명의 청년
들이 참여하였다. 1921년 6월 일제에 검거되어 19명이 사형 등
징역형을 선고받았다.

6.25를 만나
부산까지 피난살이
신망애 요양원에서
노환에 시달리다
한 많은 이생을
총총 마감했다.

전쟁 중 누구에게도
돌봄 받기 어려웠다
먼 훗날
후배들이
국립묘지에 안장하고
어머니날 제정에
그를 기렸다
여성운동의 대모
여장군 조신성이라고.

3_박에스더(1877~1910)

최초의 여의사, 여성 의료에 헌신하다

누구보다 먼저 태어나
일찍 하늘나라로 간
김점동 박에스터

언니 신마리아는 교사
동생 김배세는 간호사
한국 여성들
생활 개선과 변화에
앞장선 신여성

선교사 집에서
일하던 아버지 덕에
이화학당 다니며

영어에 특별한 재능
몇 년 안 돼 보구여관
여의사 로제타 홀의 통역
세례 받은 김에스더
언챙이 수술에 탄복하여
의사의 길 결심

미국 유학 위해
선교사들이 주선한
9살 연상의 박여선과
정동교회에서
16세에 결혼
박에스더가 되었다

이듬해
미국으로 건너가
2년도 안 돼
고등학교 과정 마치고
볼티모어 여자의과대학
최연소 입학
공부에 열중하였다

뒷바라지에 몸을 아끼지 않던
남편은 아내의 졸업을 못 본 채
폐결핵으로 32세에 요절
미국 볼티모어 그의 묘비
"내가 나그네였을 때
 나를 맞아들였고"
박에스더가 새겨넣은 묘비명

그의 헌신에 보답한 것이다
귀국한 박에스더
평양에서 의료 활동 시작
의료 선교사 되어
서울의 보구여관으로
평양의 광혜여원 돌며
맹아학교 간호학교 설립
황해도 평안도 농촌에서
무료 순회진료
위생 강연
여성 교육과 계몽

수년 동안 해마다
수천 명 환자를 돌보며
열성을 다해 헌신한
진정 '우리들의 의사'였다

로제타 홀의 보구여관

로제타 셔우드 홀(Rosetta Sherwood Hall) (1865~1951)은 의료 선
교사이며 교육자이다. 44년간을 한국 최초의 여성의료기관인 보구
여관(이화여대 부속병원의 전신)에서 환자들을 돌보았으며, 남편
윌리엄 홀이 평양에서 청일전쟁 당시 부상병을 치료하다 먼저 순직
한 후로도 박에스터 같은 여의사를 양성하여 함께 서울과 평양 등
지에서 의료 사업에 헌신하였다.

과로로 병들어
요양도 하였으나
계속된 진료와 선교
폐결핵으로 이어져
끝내 꽃다운 나이
34세 세상을 하직하였다

실로 개화기에
혜성 같이 나타나
진정한 삶으로 비상하다
짧디 짧은 생을 다 바친
이 땅에 지울 수 없는
새로운 여성상
여의사
새기고 날아갔다.

4_차미리사(1879~1955)

여성교육의 씨 뿌려 신여성을 키우다

여성 인물 키우려고
씨 뿌린 선구자
고양군에 태어나
어려서는 딸이라
차섭섭, 그래도
아버지는
완전히 독립해 살 것을
일찍부터 가르쳤다

그 아버지 돌아가시고
어머니와 교인 되어
미리사로 세례 받고

결혼 후엔 남편 따라
김미리사, 3년 만에 사별하고
조신성의 권유 받고
선교사 도움으로
중국의 남감리교 여학교 유학
열병 끝에 청각장애

다시 미국 가
국권회복운동
대동교육회, 대동보국회, 한국부인회
자선 구제 교육 헌금운동
수년간 미국 유학 생활
여성교육운동 기반 마련
수많은 애국계몽운동가의
열렬한 지지와
도움과 후원을 얻을 수 있었다

그러나 모친 잃고
어린 딸 행방불명
애끊고 한 맺힌 심정을
여성교육에 고스란히 바쳐
가난한 과부나
별당 아씨 귀밑머리 계집애
안방마님 쪽진 여사
버림받은 소박데기 여성
가정의 모든 부인에게
경제 자립을 위한
실용 교육
아버지의 뜻을 이어

기대를 저버리지 않았다.
1920년 여자교육회 만들고
「여자시론」 발간
제자 허정숙과 함께
여자교육 순회강연
제주에서 회령까지
60여 개 고을
만여 리를 돌고 돌며
여성 의식 계몽

모금 위한 남선순극단
여성들 중심의 연극단
40여 일 조선남부
순회공연

여성의 경제 자립 위한
여성 실용교육
여성 존중과 해방의
길을 따라 줄곧 내달렸다

야학강습소, 주간 근화학원
다시 근화여학교, 여자실업학교
여성실업교육 산실이 되었다

훗날 최은희는
가정부인에게 새 생명을 준
그에게
소박데기 아씨들의
구세주라 칭송하였다

신여성의 씨를 뿌리고
고이 키워 자라게 한
여성교육의 대모
차미리사
오늘의 여성들의
은인으로 살아나리.

5 _ 김알렉산드라(1885~1918)

최초의 볼셰비키 사회주의 혁명가

본명 알렉산드라 페트로브나 김(스탄케비치)
알렉산드라는 1885년
연해주 우수리스크
한인마을에서 태어나
러시아 혁명에 참가한
최초의 한인 볼셰비키

함북 경흥(경원)에
1869년 대홍수 흉년 들자
두만강 건너
러시아 연해주로 간
아버지 김두서(金斗瑞)
그는 농부가 아니라

한중일 동양어를 아는 인텔리였다
아주 어려서
어머니 잃고
1896년 만주 동청철도 건설현장
통역관 아버지 따라
보고 배우던 그에게
아버지마저 하늘나라
열 살짜리 소녀 알렉산드라
아버지 친구 M. I. 스탄케비치에게로.

블라디보스토크의 여학생
체르니프스키 등 사회주의 공부
역사와 사회 문제에 공감
러시아인 동료는
"검정치마 흰저고리
 깔끔히 빗어 땋은 머리
 대단히 붙임성 있고
 쾌활했던 그는
 나중에 영웅이 되었다"고
기억하였다

16세에 동창생 스탄케비치와 혼인
탕자가 된 남편을 떠나
아들 데리고 재혼
두 아이의 엄마가 되었으나
1914년 다시 먼 길을 떠나
우랄지방 벌목장 통역관 되어
우랄노동자동맹 조직
조선인 중국인 러시아인

국적을 가리지 않고
정중하게 대하며
노동자 권익을 대변
1917년 2월 혁명 때
짜르정부가 지불하지 않은
노동자의 밀린 임금을 받아줬다

레닌의 러시아 사회민주노동당 입당
1917년 극동지방 조선인
조직사업 책임 맡아
다시 돌아간 연해주
'조선인민의 자랑스러운 딸'
블라디보스토크 극동지방대표자회의 참가
하바로프스크시 당 서기로
소비에트 건설에 힘쓰고
극동인민위원회 외무위원
하바로프스크의 영웅이 되었다

이동휘 김립과 1918년
하바로프스크한인사회동맹 결성
한국 최초의 사회주의 조직
한인사회당 만들어
연해주와 흑룡주
한인 사회의 등불
기관지 「종」 발간
교육 조직 선전 활동
일본 해군 러시아 상륙에
미국 영국 프랑스 연합국의 간섭
반혁명 코사크 백위군의 반격

하바로프스크의 적군파 위기에
조선인적위군으로 싸우다
아무르(흑룡)주로 피신 중
체포되어 살해되었다

조선인 볼세비키로
러시아 사회주의 혁명의 승리가
조선의 자유와 독립의
길임을 당당히 밝히고
34세 젊은 나이에
아무르강으로 깊이
의연히 순국하였다

일찍이 가정을 떠나
자신의 신념에 따라
힘없는 노동자의
인간다운 삶을 위해
조선의 해방을 위해
온몸을 희생한
혁명가 김알렉산드라
애국장으로 공훈 받고
한국여성사에
일획을 그은 큰 인물로
길이 남으리라

6 _ 우봉운(1889~?)

구름처럼 자유로이, 베풂의 삶

이름도 봉운
봉황처럼 구름처럼
떠다녔다

정신여학교 나와
대구 계성여학교 교사
중국의 간도와
블라디보스토크
10여 년 청소년과 여성을
교육하였다

귀국 후에도
사회운동계로

여성운동계로
기독교에서 불교에로
사회주의로
자신의 뜻대로
거침없이
불림 받는 대로
떠돌아다녀도
흔들림 없이
중심을 잡고 있었다
흐트러짐 없이

결혼도 했고
아들도 있었으나
스님이 된 남편 기태진
그를 풀어주고
놓아주고
자식을 떠맡아
한을 품은
독신으로라도
할 일을 다 했다

불교여자청년회 회장
여성동우회 등 여성단체
북풍회, 정우회, 신간회
여러 사회단체 활동
해야 할 몫을 다했다
근우회 간부 되어
전국을 다니며
순회강연 하고

자선 구제 활동에 힘썼다

운동이 주춤할 때는
신문 구독 권유원으로
생활 전선에 나섰다
여성들과 공동생활하며
선학원에서 명상하며
후배들 돌보며
공동체를 꿈꾸기도

남녀운동가들과
폭넓게 사귀며
누구에게도 자비를 베풀고
겨레와 여성을 살리려
드러내지 않고
뽐내지 않고
자신을 아름답게
동료를 돋보이게
봉황처럼 구름처럼

조선불교여자청년회

1922년 4월 우봉운의 발의로 창립한 불교여성단체.
가정부인을 대상으로 능인여자학원을 운영하였으며 강연회,
토론회, 부인강좌를 개설하였다. 우봉운이 사회주의 운동으
로 나간 뒤 1929년 10월에 재발족하여 불교일요학교의 확장,
불교부인강좌 개설, 재봉학원 경영과 기술전수를 목표로 삼
았다. 1930년부터 재봉학원을 운영하였고, 후신으로 명성여자
실업학원을 설립하였다. 1931년에 불교청년여자동맹으로 개명
하여 불교여성 중심으로 활동하였다.

떠다녔다

해방 후
조선건국준비위원회
서울시 여성인민위원
민족자주연맹(民聯) 부녀부장
민주독립당 부녀위원회 대표
이름을 내걸고
남북한 협상을 위해
온 힘을 쏟았으나
1948년 이후 행적은
알 수 없다
여성 인물 한 명이
또 사라져 간 것이다

어느 하늘에선가
구름 되어
자유로이
뜻을 펼치리라

여성동우회

사회주의 이념을 표방한 최초의 여성단체.
1924년 5월 서울 제동 조선여자강습원에서 발기총회에 박원
희·정종명·김필애·정칠성·우봉운·주세죽·허정숙·이춘수
등 당시 사회주의 여성운동가들이 참여했다. 천도교당에서 열
린 창립총회에서 신사회의 건설과 여성해방운동을 함께할 여
성을 양성한다는 강령을 채택했으며, 여성해방을 위해서는 부
인의 경제적 독립이 필요하다고 주장했다. 이 단체는 경찰의
간섭으로 적극적인 활동을 할 수 없었으나 최초의 여성사상
단체로서 의미가 크다.

7_김마리아(1892~1944)

조선여성독립운동의 맏딸

황해도 장연 소래
명문가 대지주
기독교 집안에서
막내딸
큰 별이 탄생하였다

세 살에 아버지가
열네 살에 어머니가
세상을 떠났으나
할머니의 깊은 신앙
남녀 똑같이 교육해야 한다는
어머니의 교육열 담긴 유언
언니 김함라 김미렴이

동생을 서울로 유학

숙부 김윤오와 김필순
고모 김순애와 김필례
그야말로
조선의 내로라하는
독립운동 선구자들이
마리아를 병풍처럼
둘러쌌다

그중에서도
김마리아는
독보적인 존재였다

국내외에서
남보다 먼저 받은
신교육의 수혜자로
평생 독신으로
여성교육과 항일독립에
일생을 바친
김마리아

정신여학교 졸업 후
광주 수피아 여학교
정신여학교 교사 하다
두 번이나 일본 유학
김필례가 주도한
동경여자유학생친목회
회장을 맡아

나혜석 황에스터 현덕신과
「여자계」도 발간
2·8독립선언 대회 참가
남자와 똑같이
독립운동에 나서야 한다고
솔선수범 하였다

3·1운동 직후
수개월 감옥 생활
대한민국애국부인회를
전국 조직으로 확대 개편
새 회장 되어
남성 못지않은
적극적인 활동을 꿈꿨으나
동지의 밀고로 파탄
전국의 대대적인 검거 선풍
'김마리아 사건'의 주인공
징역 3년형
혹독한 옥고를 치르다
병보석 요양 중에
중국 상해로 탈출
평생을 병치레하며
상해임시정부 대의원
남경 금릉대학에서 공부

더 나은 더 빠른 독립
실력 양성을 그리다
선교사 매큔의 도움으로
미국으로 재망명

애국 강연
공장 직공과 가정부
도서관 사서 등
일하며 공부하며
사회 활동

10년간 미국의
파크대 시카고대 콜럼비아대
뉴욕의 신학대학원에서
사회학 교육행정학
신학과 종교교육학 등
원하는 공부 필요한 공부
치열하게 부대끼며
여자들도 위국충정
사회 위해 일하겠다는 뜻
남자들에게 뒤지지 않았다
뉴욕 근화회 조직 활동

1932년 귀국 후
성대한 환영을 받고
조선의 현실을
미국에 비추어
넓은 시각 인간애로
여성과 조선의 독립에
헌신할 것을 밝혔다

원산 마르타윌슨신학원 교사
조선예수교장로회 여전도회
전국연합회 회장으로

농촌계몽운동
기독교 여성운동
교회의 남녀차별 비판
역사의식과 애국심 고취
장로교전국총회의
신사참배에도
김마리아 여전도회는
결단코 거부하고
여자신학원 폐쇄되었다

대한민국애국부인회

1919년 3월 중순 서울에서 3·1운동 투옥지사의 옥바라지를 목적으로 오현주·오현관·이정숙 등이 혈성단부인회 등을 조직, 활동하고 있었다. 동회는 3·1운동으로 투옥되었다가 출옥한 김마리아·황에스터 등 17명이 모여 이 같은 여성단체의 발전적 해체를 통하여 확대 재조직을 한 단체로 상해임시정부 지원과 절대독립을 쟁취할 항일독립전쟁에 참여할 준비를 했다. 서울에 본부를 두고 조직을 전국으로 확대하고 각 지부의 부서에 결사대를 두었다. 회장에는 김마리아, 부회장 이혜경, 총무 황에스터를 임명하고 재무장·적십자부장·결사부장·교제부장·서기·부서기 등을 두었다. 약 6,000원의 군자금을 상하이에 보냈고 회원도 100여 명 이상 늘었으나 11월 말 경 일제에 의해 김마리아 등이 투옥되면서 활동이 어려워졌다.

여성의 독립적 삶과
조국 독립을 그리며
민족과 신앙을 지켜낸
김마리아
총명하고 강직하여
정의로운 뜻으로 일관하다
1944년 생을 다하도록
자신의 의지에 따라
정성 열성 혼신을 다하였다

8 _유영준(1890~?)

여의사로 여성운동에 앞장서다

스스로 중도파라 주장한
유영준
자유와 정의로
차별을 미워하고
불의를 싫어했다

일본 유학 때부터 민족사회
여성에 대해 관심이 많았다
잡지 「여자계」를 만들며
여자유학생을 이끌었다

동경여의전 졸업이란
찬란한 조명을 받으며

귀국 후 이화에서
여의사로 봉사했다
개업의로도
여성 위해 진료했다

여성단체 근우회에서
여성운동도 열심이었던 여의사
호남의 갑부 만나
아이도 낳고 다복했다

여의 양성 꿈을 못 버려
조선 사회에 뒤쳐진
위생 보건을
여성과 어린이들의
처지를 개선하고자
힘을 모우고 모아
경성여자의학전문학교 세웠다

신혼초야에도
어린이 교육이 중요하니
어려서부터
교육을 잘 시켜야 한다고

한국의 전통문화
아끼고 사랑하여
온돌을 좋아하고
김치를 사랑했다
여성을 위한
주택 개량에도

식사 개선에도
과학적인 처방을 쏟아냈다
좌우에 치우치지 않는
균형과 조화
통합과 일치
겸손과 온건함을 지녔다

해방 후 격동하는 사회에서
기막히게 돌변한 유영준
지칠 대로 지친
약자 편에 서려고
조선부녀총동맹 조직하고
반미 쌀 배급 투쟁
민생고 해결에 앞장섰다

■ 조선부녀총동맹

8·15해방 후 결성된 좌익계열의 여성운동단체. 1945년 12월 조
직된 전국적 규모의 여성대중조직으로 맹원 수가 약 80여만 명
에 달하였다. 총재로는 유영준, 부총재로는 정칠성, 허하백이
선출되었고, 봉건 잔재와 일제 잔재를 척결하고 민주적 자주
독립국가 건설과 여성해방을 위해 조선여성의 국제적 제휴, 경
제적·정치적 평등권의 획득, 생활개선 등의 강령을 내세웠다.

암울한 여성과 노동자의
살길을 찾아
발버둥 치고 몸부림치다
자취도 없이 사라져 갔다

언젠가 꿈을 위해
도약하려 했으나
그 꿈은 아직도 멀기만 한 듯
가물가물하지만
이어져가는 염원 속에
언젠가 이뤄지리라

9_정종명(1896~?)

어머니 아들과 함께 항일의
중심에 서다

어디서든 어느 때든
누구 못잖은
비교할 수 없는 여걸
겉보기보다 더
서글서글하고
넉넉한 마음
전문의 산파로
가난하고 불쌍한 여성에게
아낌없는 동정심
크기만 하였다

출생지 출생연도조차
분명하지 않으나

배화여학당 중퇴하고
박씨 성의 남자와
17세에 결혼
정 붙이지 못하다
남편 병사 후
19세에 낳은 아들과
친정으로 돌아와
교회전도사 되어
불행한 여성들 만났다

생활의 자립 위해
간호학교 졸업
산파 자격도 얻고
밤과 낮
멀고 가까움
빈부를 가리지 않고
아이 낳는 여성에게 달려갔다
자신과 같이 어려운
여성을 살리기 위해

가난으로 공부 못 하는
여성에게는 일찍이
조선여자고학생상조회 만들어
주경야독 재봉일 가르치며
제작한 상품 팔고
공부도 열심히
사회의식
여성 의식 키우면서
생활을 해결토록 했다

조선여성동우회 거쳐
근우회까지 여성운동
사회주의 운동
남성들과
어깨를 겨루며
민족과 여성을 위해
열심히 싸워 나갔다

천두상과 재혼 중에도
운동선상에서 만나
헤어진 첫 남편 신철의
병간호도 지극 정성
누구라도 감옥에 가면
뒷바라지 사양 않고
운동가들의
큰 누님처럼
어머니처럼
돌보고 보살폈다
운동계의 대모답게

3·1만세운동에 참여
1920년 투옥된 어머니
박정선
젊고 열성적인
항일투사 아들 홍제
3대에 걸친 항일 투사
정종명
1930년에 1년 6개월형
옥중에서 아들을 만났다

항일에 발 벗고 나선
어머니의 딸로
아들의 어머니로
운명처럼 정해진
삶과 투쟁의 길

사회주의 운동도
여성운동도
가리지 않고 화통하게
몸 사리지 않고 거뜬하게
당당히 앞으로 나아가기만
뒤돌아보지 않았다

해방과 남북분단
그의 소식은 간곳없다
그리도 열과 성을 다하고
자신을 아낌없이
바쳤건만
그 아름다운 흔적은
간데 온데 없이
사라졌지만
오늘도 어디에선가
민족과 여성을
지켜보고 있으리라

10 _ 나혜석(1896~1948)

생을 다하도록 화가로 여성으로

수원에 어여삐 피어난 꽃봉오리
좋은 집안에서 듬뿍 받은 사랑
일본 유학에서 만난 애인
안타깝게도 일찍
그의 곁을 떠났다
다시는 사랑할 수 없을 줄 알았는데

호의를 가지고 친절했던
신사 같은 김우영
호기 있는 조건에도
성공한 결혼
첫 아이 딸을 낳아
하늘을 날 것 같은 기쁨

나열이라 이름하였다
섬세하고 예민함에
뒤집히고 얼크러진 일상
쓰라린 고통으로
모성은 자연의 본성이라기보다
길들여진 것임을
처절히 부르짖기도

아이 둘을 시댁에 맡기고
남편 따라
파리로 그림 공부
아이 못잖게 소중한 그림

서양화가 나혜석
일찍이 『경희』를 쓰고
날카로운 여성 의식
그림과 글 솜씨로
김일엽과 같이
「신여자」도 발행

서로 존경하며
자유와 사랑, 결혼과 이혼
의견 나누기에 치열했다
모성에 대해서도
여성의복에 대해서도

일엽의 아들을
피붙이처럼 감싸주고
사랑했다

자식들을 대신할 순 없었지만
애닳고 애꿎은 인연이었다
버림받은 사람들 사이에.

파리의 그림 공부
생의 최고였다
즐겁고 행복했다
남편 귀국 후에도
파리에 남아서
외로움을 달랠지라도
세상을 다 안은 듯
자존감을 세웠으리라

남편의 당부로
자신을 보호해줄
나이 많은 남자 최린
가까워질 수밖에 없었다

또 다른 이름의 사랑이라고
남편과 더 사랑할 수 있으리라고
순진함인가, 순수함인가
자신과 그림에
최선을 다하면 되리라
좋은 어머니가 될 것이라
믿고 따랐던 남자

다시 만난 남편과
때맞춰 돌아온 뒤
어렵사리 시집살이

고달프지만
알뜰살뜰 꾸려갔다
개인전시회도 열면서
열심을 다하여

먹구름 몰려오듯
지난 일들 덮쳐왔다
폭풍처럼 벼락처럼
암울한 구름에 덮여
멀어져만 가는 남편
하늘을 찌를 듯한
따가운 비난의 소리
하루하루 높아만 가고
버텨보려고 안간힘
피나는 노력을 해도
이렇게도 저렇게도
이혼 소송까지도
모두가 헛되고 헛되어
물에 기름 탄 듯
허망한 헛수고

한번 더 일본 유학 꿈꾸며
다짐하고 또 다짐
그림 그려 차곡차곡
마음을 다잡았다
짓눌린 가슴 털어내며
그림 여행도 하고
화실을 차려
후진 양성도 기대하며

악마보다 더한 불운이
한밤의 어둠보다 더 짙게
또 덮쳐 오리라고는
생각도 못했으리라
몽땅 불타버린 화실
친정까지 외면한 삶
혼자서도 잘 살아보려
독립하려 발버둥 쳤는데
한순간 수포로 돌아갔다
한고비 넘기며
고통을 이기고
살아남기에는
피폐할 대로 피폐해진
몸과 마음
끝내 행려병자 되고 말다

세상을 깜짝
놀라게 한 신여성
최초의 서양화가
화려하고 멋졌던
최고의 행복도
더 낮출 수 없이
떨어진 불행의 나락도
맛보고 곱씹은
서양화가 나혜석

남편도 자식도
시집은 더할 나위 없거니와
친정에서도 내침을 받은

신여성 나혜석
일엽의 수덕사에도
잠시 스쳐간 자리였을 뿐

그의 죽음 앞에
한국 사회는 아무도
돌아보지 않았다

수십 점의
남은 그림들이
언젠가 제 빛을 발하여
이 땅에 부활하기를
그의 생을 다시 살려내기를

11 _ 김원주(1896~1971)

신여성에서 스님으로 고해를 건너

끝내 스님으로
속세를 벗어나고자

어려서 조실부모하고
혼담도 오갔으나
굳이 자신이 원치 않은
결혼은 마다하고
상경하여 공부하며
글도 쓰고
일본 유학도 한 신여성

인텔리 남편 덕에
잡지 「신여자」 발간
큰 도움 받았으나

의족의 남편
감당키 어려워
미련 없이 떠났다

자유롭게
열정적으로 사랑하고
한 길로만 가기를 원하여
애타게 부르짖어 봐도
이룰 수 없는 사랑에 지쳐
애를 끊듯이 벗어났다

기독교인으로
사랑도 배웠으나
불교와 인연
불도에 이끌려
불교인 남편과
일상의 행복도 누렸다

열정과 의욕이 넘쳐나
잡지사 기자로
편집인으로 문필가로
자신을 불살랐다
말 그대로
책 이름 그대로
『청춘을 불사르고』

일본 유학에서
미혼모 될 수 없어
어린 아들 포기한 뒤

다 자란 아들
수덕사에서 만났으나
이미 나는 네 어미가
아니라고
부처님께 귀의한
속세의 인연을 끊은 몸
한국의 불교 사회나
비구니에 관심 가지고
사무친 글을 쓰며
후배들을 챙겼다

여성의 신문화 창조
여성문학계에도
지울 수 없는
흔적 남기고
거센 파도처럼
잔잔한 호수처럼
세속과 득도의 경지를
넘나들며
자유롭게
날마다 새롭게
거듭나
다져 나갔으리라

신여성의 꿈을 이루려
작가로서 쉼 없는 작업
인연을 다한 생이
지금도 나비처럼
팔락팔락 숨쉬며
나래치며 펄럭이고 있다

12 _ 박원희(1897~1928)

요절할지라도 보다 나은 삶을

31세의 요절
혈육 한 점 사은이도 있었는데

박원희
학교에 안 보내주는
어머니에게 단식투쟁
경성여고보 사범과를
나와 가르치다
일본 유학 가서
낮에 공부하고
밤에 일하고

간도에서 청년교양운동

교사로 운동가로 헌신했다
여성 의식 향상과 민중계몽
사회주의 이론은 투철했고
누구보다 자신만만했다
실천적 노력에
몸을 사리지 않았기에
샘솟는 자긍심

뜻이 통한 김사국과
5년간 결혼 생활
항일투쟁 위해
중국으로 만주로
나는 듯 다니던 남편
결핵으로 간병 3년에
죽은 지 2년도 채 못 돼
사고도 큰 병도 아닌
감기 몸살 같은
일상의 병을 이기지 못했다

멀고 먼 훗날
애족장 수여 받고
남편과 합장되어
애국열사묘에 묻혔다

최초의 사회주의 여성단체
여성동우회 조직하고
남편의 당파성 따라
경성여자청년회 주도하고
통합조직체 근우회까지

때로 힘을 모으고
때로 갈려서라도
항일 민족 투쟁
여성운동
선봉에서
중심에서

시대를 뛰어넘으려는
처절한 몸부림
아낌없이 진력하여
가벼운 질병에도
자신을 돌보지 못한 채

남편과 함께
좋은 세상 이루려던
못다 한 꿈이
안타깝고 한스러워
남편 몫까지 다한다고
이리 뛰고 저리 뛰고
아이를 업고도
나풀나풀
나비처럼 날아다니듯
자신을 돌아볼 겨를 없음이
세상을 뒤로 하게 될 줄이야
그리도 빨리
그리도 가볍게

그에게 왜 그리
어리석은 바보짓 하냐고

물을 수 있으랴
좀 더 오래 살면서
더 바른 사회 만드는 데
힘쓸 수 있었을 텐데
말할 수 있을지

좋은 사회 건설에
조급한 맘
의욕과 열망에 넘쳐
절대로 잠시도
손 놓고 볼 수만 없어
자신이 으스러지도록
하지 않고는 견딜 수 없었다

한시가 바쁘고
급한 걸음
감기 몸살이 대수였으랴
그의 요절은
시대의 아픔
민족과 여성의
크나 큰 손실이라고

그의 죽음에
크고 작은
사회단체
수많은 남녀동지
노동자들의 애도가
물밀 듯 밀려왔다
서울에서도

방방골골 어디서든
서러움과 억울함
원통함이 사무쳤다
여성 최초의 34개
사회단체연합장
그리 하지 않으면
남은 자들이
더 견디기 힘들어서

경성여자청년회

1925년 서울에서 조직되었던 여성운동단체.

사회주의 여성운동단체인 여성동우회가 분열되면서, 박원희(朴元熙)가 30여 회원을 규합하여 경성여자청년회를 조직하였다. 강령은 ①부인의 독립과 자유를 확보하며 모성보호와 사회상에 대한 남녀지위평등 사회제도의 실현, ②부인해방에 관한 사회과학상의 교의(敎義)를 분명하게 하며 이를 보급하는 것이었다. 사회주의적 경제발전론에 입각한 여성해방운동을 목적으로 한 여성단체인 만큼 국제 사회주의 운동의 현상파악 내지 연계에 노력하였다. 여성동우회에서 분파된 경성여자청년동맹 등과 더불어 1926년에 중앙여자청년동맹이 되었고, 근우회에 통합하였다.

사회의 온 힘이
모여진 것이
큰 위로가 됐으리라
당파를 넘어서
항일 민족 독립 염원의
하나 된 힘에
잠시나마
쉬어갈 수 있었으리라
이듬해 1주기까지
그 후로도 길이길이
그에게 비추었으리라

13_ 정칠성(1897~1958?)

사회주의 운동가로 맹위를 떨치다

대구에서 태어나
7세의 기생
이름하여 금죽(琴竹)
18세에 상경하여
다동기생조합 가입
한남권번으로 옮겨 있다
남도 기생들과 같이
3·1운동 참가
이른바 '사상기생'

1922년 일본 동경에서
잠시 영어 공부하고
귀국 후엔

물산장려운동에 참여
사회 사상 변화 느끼고
흐름에 맞춰
자신을 내던졌다

대구여자청년회 조직
사회주의 여성운동
허정숙 정종명과 같이
조선여성동우회 발기
동지 규합을 위해
사상 선전과 교양 활동
여성노동운동 지도에
발 벗고 나서
인천선미여공조합 조직

다시 일본 유학
이현경 황신덕과 같이
일본의 사상단체 일월회 같은
삼월회 조직
무산계급과 여성의
압박 착취에
적극 항쟁
사회주의 신사회 건설 위한
공동투쟁 전개
여성운동은 무산계급운동과
목적을 같이 해야 한다는
사회주의 여성해방론 주장
주체는 어디까지나
무산계급 여성임을 역설

귀국 후에 신간회 가입 후
근우회 창립 발기인
중앙집행위원, 선전조직부위원
근우회 경성지회 대구지회 창립
1929년 3대 중앙집행위원장
광주학생운동
조선공산당 사건
경성여학생 만세시위 등
쉼 없는 활동
지칠 줄 몰라
투옥과 출감을 밥 먹 듯

일제 감시와 탄압을 피해
조선일보 기자도 잠시 하다
전시기에는 사회 활동 중단
여러 곳을 떠돌며
편물 강습으로
생계 유지

해방 후
조선공산당 부녀부장
조선부녀총동맹 중앙위원
민주주의민족전선 간부로
미군정 아래 피신 생활

북조선 정부 수립 참여
조선민주여성동맹 부위원장
최고인민회의 대의원 지냈으나
숙청 사망한 것으로 추정

기생에서
사회주의 여성운동 대표하는
이론가로 실천가로
열성을 다하였으나
그 이름조차
간곳없어 그 자취
어디에서 찾아보리

14 _ 황신덕(1898~1984)

사회주의 이론가에서 생활개선 교육가로

태어날 때부터 막내로
총애 받아 이름도 진주
애덕 언니와 같이
숭의여학교 송죽회 회원
항일운동 첫발을 내디뎠다
서울에 와 교회 다니며
이화에서 영어공부
일본에 유학 가
사회 체험 마음껏 했다

유영준, 박순천과
동경의 세 까투리
귀국 후 한껏

여성의 힘을 모아
근우회 싹을 틔우고
신문사 여기자로
사회주의 이론가로
필명을 날렸다

연애도 해봤다
유학 사회에서
직장에서
운동 선상에서
남녀가 만나고
친해지기는
수월하고 만만한 일
한두 가지 풍문은
눈감고 귀 막을 수 있는 것

뒤늦게 직장 동료
임봉순과 결혼
아이 낳으며
새로운 전원생활 누리며
남편의 전향으로
따스한 행복도 맛봤다

언론에 글을 싣고
여성의 경제적 독립이
이혼과 첩을 줄인다고
여성 의식 계몽
생활 개선 활동의
끈을 놓지 않았다

마침내
현모양처 여성을 위한
여자실업학교 설립
오늘의 중앙여고
일제 말 전쟁 시기
제자에게 정신대 권유
총동원에 협조하여
친일의 꼬리표
떼기에는 힘겹다

해방 후
여성연구원 만들고
앞장선 가족법 개정
자신의 운동 경력과
사회적 체험을
마음껏 활용하여
여성 생활 개선에
적극적으로 나섰다
『무너지지 않는 집을』
짓기 위하여
그리고 이제
다 지었노라고

15 _정정화(1900~1991)

양반가 며느리가 임정의 여걸로

대한민국 임시정부
안살림꾼, 여성독립운동가
『녹두꽃』 정정화
1982년 건국훈장 애족장
수여받았다

정묘희 정정화는
한성부(서울)에서 태어나
충남 예산의 대지주
집안의 여유와
사랑 속에 자랐다
부친의 반대 속에
어깨너머 공부

여섯 살 때 오라버니 따라
『천자문』, 『소학』까지 깨쳤다

어린 나이에 김가진의 맏아들
동갑내기 의한과 결혼하여
개화파 집안 신학문 배운 뒤
상해로 망명한 시아버지와
남편 좇아
상해로 내달았다

여러 번 국내로 밀파되며
일제의 삼엄한 감시 속에
10여 년간 독립운동
자금 모금과
비밀 연락책
살얼음판 국경을 넘나들며
젊음을 다 바쳤다

망명생활 27년
가족은 말할 것도 없고
이동녕 김구를 비롯한
임정 요인과 가족들
보살핌에 날이 새고
날이 졌다
이름하여 임정의 안살림꾼
독립운동 뒷바라지
열정은 식을 줄 몰랐다

지방 행정관 남편 따라

1934년 봄 강서성
이곳저곳 떠돌다
1935년 11월
임정 한국국민당 가입
공식적인 단체 활동

1940년 3월 이동녕의
임종도 지키고
충칭의 한국독립당 한국광복군
남편과 더불어 창립 당원
한국여성동맹 창립 간사
3·1 유치원 교사도 하며
안팎살림 도맡았다
1943년 2월
한국애국부인회 재건대회
훈련부 주임 되어
김순애 연미당 권기옥 함께
국내외 동포 여성들에게
민족적 각성 촉구
의연금품 모아
광복군 위문
독립운동 지원에
앞장섰다

연합군측에서 인계 받은
동포여성 교육
해외 한인 여성단체들과
긴밀한 연계
임정의 독립운동

돕고 또 도왔다
해방이 되자
모두가 떠난 뒤에도
토교에 남아
12월 한 달 내내
뒤처리 맡아 하고
이듬해 1월 하순
상해로 돌아가
5월 미군 수송선 타고
부산에 도착
일체의 정치 활동을 접었다

그래도
남한의 단독정부 수립 반대
남북협상 통일민족국가 수립 운동
백범 김구와 한국독립당의
신(新)국가 건설 노선 지지
남한 단독 정부
부통령 이시영의
감찰위원 추천
취임하지 않았다

6.25전쟁
납북된 남편
정정화도
인민군 부역과 투옥
그래도 원망 대신
조국의 완전 독립을 열망
모진 세월 견뎌내며

후손들에게
독립과 민주화 투쟁에
헌신하도록 가르치다
1991년 한 많은 생을
마감했다

한국애국부인회 재건

1943년 2월 중경 임시정부 각 정파의 부인들이 한국애국부인
회 재건대회를 개최하였다. 여성차원에서 민족통일전선을 형
성하기 위한 것이었다. 이때 정정화가 훈련부 주임으로 선출
되었으며, "국내외 부녀는 총단결하여 전민족해방운동과 남
녀평등이 실현되는 민주주의 신공화국 건설에 적극 참가하여
분투하자"는 강령을 선포하였다. 각종 매체를 통해 국내외 동
포 여성들에게 민족적 각성을 촉구하며 독립운동 참여를 호
소하고, 의연금품을 모아 무력항쟁을 준비하는 광복군을 위
문하는 등 독립운동 지원 활동을 적극적으로 벌여 갔다.

"나라는 내 나라요,
 남들 나라가 아니다.
 독립은 내가 하는 것이지
 따로 어떤 사람이 하는 게 아니다"

입버릇처럼 하던 백범의 말씀
후세에 큰 가르침으로
살아남기를
언제든 되살아나기를

16_주세죽(1901~1953)

애인 박헌영을 향한 일편단심

성과 이름이
왠지 끌리는 주세죽

손꼽히는 '단발미녀'
단단하고 곧기만 해
아리따워야 할 그 생애
정녕 아름답고자 애쓰고
또 애썼을 텐데
사약이라도 내려진 듯
쓰디쓴 삶
고달프고 애달프다

박헌영을 만나

여운형의 지지 속에
상해에서 혼인하고
박헌영의 고향에서
한 번 더 혼인
똑똑하고 어여쁜 며느리
시어미 총애도 받았건만
거듭되는 남편의 수인 생활
병치레 보살핌에
자신을 버릴 지경
기뻐하고 보람차게
묵묵히 해냈다

병보석 가출옥에
친정으로 휴양 가
위장하기 쉬운
만삭의 몸이 되어
밤기차 타고
검푸른 두만강 건너
만주로 망명길
기차 안에서
첫 딸의 에미가 되었다
애잔하고 애절한
사연 겹겹이 두른 채
다시 못 올 고국을 등졌다

모스크바에서 상해에서
부부의 치열한 항일 활동
딸아이는 보육원에
공부하고 밥벌이하며

이상을 좇아 한결같이
좋은 사회 그리는 활동
마다하지 않았다

또다시 체포된 남편
고국으로 끌려간 뒤
홀로 남은 주세죽
남편의 친구이자 동지인
김단야와 뜻을 나눠
서로 도우며 활동하다
사랑인지 연민인지
부부가 되었다
박헌영은 호적에
사망 처리
잊으려고
지우고 만 것일까

더 안타까운 것은
일제의 밀정으로
처형된 김단야
뒤이어 억울하게
무참히도 시베리아 유배형
100일 된 아들 잃고
참담한 5년을 겪고
해방이 되었으나
기쁨을 나누지도
행복을 누릴 수도 없었다
독일의 소련 침공
전쟁에 휘말려

해방은 멀어만 가고
1989년 3월에야
복권될 수 있었다

카자흐스탄
피혁 공장 등에서
끝없는 고된 노역
어쩌다 한 번 모스크바의
어미에게 냉정하기만 한
딸을 보러 갔다
발레리나 딸은
고아인 줄로
보육원서 고이 자라
러시아인과 결혼했다

박헌영은 딸을 만나
딸이 축하해준
아빠의 새 결혼
주세죽만 외면당한 외톨이
천지 가운데
의지할 곳 없어라

박헌영의 죽음을
딸에게 알리러 가다
공연 나간 딸
보지도 못한 채
사위의 품에 안겨
여위고 지친 삶을
내버렸다

애끓는 사랑도
사무치는 그리움도
가없는 애증을
삭이지 못 한 채
파르르 소리 없이
사그라져 갔다

낯설고 멀고
까마득한 유형지
모스크바의 낯섦도
피맺힌 억울함도
떨쳐버리고
자유로이 훨훨
꿈에도
생시에도
애타는 그리움
날아가
다시 만나리라

17_ 강주룡(1901~1932)

노동여성의 새벽을 일깨우다

을밀대의 고공 투쟁
강주룡의 외침이
평양의 새벽을 깨웠다

1931년 5월 16일 시작된
평원고무공장
여공들의 단식 파업
평양의 2300명 고무직공
임금 삭감 반대
동맹 파업
일경과 기업주에
굴하지 않았으나
먹혀들지 않아

장기간 파업에
여공들만 지쳐갔다
싸늘하게 식어가고
모른 체하는
사회에 알리고자
대동강 을밀대 누각에
밤새 광목을 찢어
밧줄을 만들고
감아올려
줄타기하듯
12미터 지붕에 올라
새벽을 열고
목이 터져라
간절한 외침으로
아침을 갈랐다

갇혀서도
단식 투쟁으로
항의를 계속하다
죽도록 싸울 각오
다지고 또 다졌다
요구가 관철되지 않으면
죽어도 좋겠노라
처절한 투쟁도 무참하게

7월 초
파업은 끝나고
주모자로 다시 구속
매서운 고문 끝에

병보석
후유증으로
그해 8월 13일
평양 빈민굴에서
한 맺힌
이생을 떠났다

1901년
평북 강계에서
태어난
강주룡
가난에 쫓겨
서간도 이주한 뒤
20살에 5살 연하
남편과 혼인
사랑하였다

남편과 함께
항일 무장 투쟁
22세에 남편의 전사
'남편 죽인 년'으로
쫓겨나 친정 찾아
귀국 후
여공으로
식구 돌보기
남자 이상의
의식과 성격으로
투철한 삶을 살다

한 많은 대동강의
새벽 햇살에
이슬지듯
사라져 갔다
31세 나이도 가엾이

노동여성 투쟁의
총총한 빛나는 별로
훗날을 밝히고
또 밝히리라

18 _ 허정숙(1902~1991)

동지들과 나눈 '붉은 사랑'

아버지 허헌을 존경하며
온갖 보살핌 속에 자라면서
부모의 삶을 통해
어려서부터 남녀 불평등을
맛보고 느꼈다
차미리사 따라
조선여자교육회 순회강연
세상과 여성을 배워갔다

상해 유학에서
첫 애인 임원근 만나
귀국 후 결혼했으나
남편의 거듭되는 투옥

자신도 근우회 사건으로
투옥되기도 했으나
젊음은 기다림을 몰랐다
신일룡, 송봉우, 최창익
애인과 남편을 바꿔가며
사랑하고 의지했다
'한국의 콜론타이'
이름이 무색하지 않았다
붉은 사랑에 빠져든 탓
자식도 여럿 낳고
사회운동도 여성운동도
열심히 함께하는
동지와 연인 사이

수가이(秀嘉伊, sky)라는 필명
여성 의식계몽 위한 글
하늘을 솟구치듯
「신여성」지 특집 「단발호」
이론과 실천
앞서 가기에
힘든 줄 모르고
지칠 줄 몰랐다

여기자에서 광선 치료사까지
생활도 스스로 해결했다
월급을 몽땅 털어
운동자금에 쓸지라도
남에게 손 내밀지 않았다

근우회 '허정숙 사건'
서울여학생만세운동
지도하고 투옥되고
출산 위한 병보석
1932년 3월 출옥
1934년 중국 망명
조선의용대 거쳐
항일군정학교 정치군사과
팔로군 정치지도원
화북조선혁명군정학교 교육과장
쉼 없이 달리며
남녀 가리지 않고
엄하게 가르쳤다
큰 누님으로 불리며
대접받기보다는
항일 투쟁 전선에
고락을 함께했다

해방 후
'연안파' 중에 살아남아
인민해방 선전용
조선로동당출판사 맡아
김일성에게 충성했다

노년의 꿈은
오로지 자녀들이
잘되기를
아버지 덕에
잘 자란 자신처럼

어머니 그늘 아래
잘 되기 바란 모성
90세 넘어 이별한 세상
북한에서 애도해
마지않았다

19_최은희(1904~1984)

여기자로 여성 전문직을 굳히다

166

조선일보 전문 여기자
최은희
여기자상을 남겼다

여학생 때 3·1운동 참가
잠시 교사 하다 일본 유학
유학 중에 기자 되어
8년간 정치부 사회부 학예부 맡아
부인견학단 조직과 인솔
취재 위해 기생 변장
어둔 곳 찾아 밝음을 길어내고
가정란 신설하여
첫걸음에 앞장 선 여성

연재 기사
비행기 타고 하는 취재도 처음
방송에 첫 사회자로 나가기도
다양한 방법으로
처음이란 모험 무릅쓰고
전문 기자 영역을 넓혔다

통신 강의로 공부하며
일본 유학에서 만난
유영준 황신덕과 세까투리
근우회 등 여성 단체 조직
여성운동에 앞장서
직업과 운동 병행
지식인 여성의
선구적 소임을 다했다

결혼 후에도 계속된 기자
큰 병으로 퇴직 후
남편의 보호 아래 은거 생활
행복은 잠시
생각잖게 먼저 떠난
남편의 빈자리
아이들 돌보고
가족의 생계 위해
바느질하고
우표 파는 상점 운영
궂은일 마다 않고
힘든 나날
어려운 고비 넘겨

맞이한 해방
다시 몸담은 사회 활동
'여학교 교장은 여자로' 운동
'한국의 어머니날' 제정 제안

차미리사의 일대기
『씨뿌리는 여인』 저술
기자 시절 경험과 기억
글솜씨 되살려
『조국을 찾기까지』
1905~1945 한국여성운동사를
출간하였다
그 후에도 계속된 회고록
『여성인물 열전』은
한국여성사 서술의
훌륭한 귀감 되고

1950-60년대
대한부인회
여자국민당
국방위원회
여성단체총협의회
재건국민운동본부 등
열심히 발로 뛴 사회 활동
달리 할 수 있는 평가 있겠지만
자신의 에너지를 사회에
특히 여성에 불어넣고
자녀 잘 키워낸 현모양처
한 치의 소홀함이 없었음은

많은 여성의
더없는 부러움

최은희 여기자상으로
그 빛을 환하게 두고두고
발하고도 남음이 있으리

20 _ 박차정(1910~1944)

뜻을 이루지 못한 채 요절하다

일제의 본격적인 침탈과
강압이 깊어질 때
경남 동래 항일독립운동가
집안에서 태어나
민족해방에 관심
아버지 오빠 숙부도
항일 투쟁
언니도 여학교 졸업 후
교직에 봉사하다 병사
어머니도 김두봉의 사촌
그에게는 항일혁명가의
기운이 차고 넘쳤다

14세에 조선소녀동맹 동래지부
일신여학교 재학 중
항일학생운동
졸업 후 동래청년회 부녀부장
근우회 선전 조직과 출판 담당
서울여학생만세운동 지도
서대문형무소 수감
병보석 후 중국 망명
북경 화북대학에서 공부
남경에서 김원봉과 결혼
조선의열단 가입
조선혁명군사정치간부학교
여자부 교관

조선민족혁명당 부녀부 주임
지청천장군 부인 이성실과
남경부녀회 조직
전민족 통일전선 위해
조선여성의 총단결 호소
"봉건적 가정의 노예
일제 약탈 시장의
임금노동의 노예
여기서 해방되려면
일제 타도에 앞장서고
조선의 진정한 자유 평등을
이루지 못한다면
여성의 해방은 없다"
고 선언했다

만국부녀대회 한국 대표로
일제의 침략 규탄
한구 라디오 방송
일제는 중국과
조선의 적일 뿐 아니라
일본 민중의 적이다
함께 힘을 모아
동아시아의 평화
인류의 정의를
세우자고 역설

임철애라는 가명으로
1937년 일제의 중국 침략
여성의 차별적 현실에
일치단결, 조국의 자유 위해
일제에 맞서 계속
싸울 것을 부르짖었다

한중연합전선의 조선의용대
부녀복무단 단장
22명의 여성대원 훈련
전선, 적후공작 동북진출
아낌없이 모든 걸 다 바쳐
1939년 곤륜산 전투
부상 후 다시 일어나지 못하고
한 방울 아침 이슬처럼
조용히 스러져갔다
임시정부 조소앙이
의열단 내조자 항일전사

그에게 추도사를 바쳤다
해방 후
남편이 그나마 유골을 가져와
자신의 선영 밀양에
안장되었다

조선 독립을 위해
헌신하다
34세에 안타까이 순국한
박차정
1995년 건국훈장 독립장
박차정여성운동가상 제정으로
기림 받고 있어도
무덤은
돌보는 이 없이
버려지고
밟혀가고 있다

21 _ 오광심(1910~1976)

여성 독립군으로 이름을 떨치다

174

평북 선천에서 태어나
어려서 부모 따라 남만주로

민족독립운동 단체 정의부
학교에서 민족의식 배우고
졸업 후 교편생활
조선혁명당에서
독립운동

일제 만주 침략에
오직 조선혁명군 활동으로
조국의 독립 해방을 꿈꿨다

참모장 김학규와 부부의 연
한국독립군 근거지 교섭 위해
안동에서 남경으로 가는
멀고도 험한 길
농부로 변장한 김학규 따라
일제의 눈을 피하여
무사 도착을 빌어
머리에 흰 수건 쓰고
보따리 인 남루한 변장
촌부 오광심
그 길의 애환을 시로 읊었다

'비바람 세차고 눈보라 쌓여도
님 향한 굳은 마음은 변할 길 없어라
님 향한 굳은 마음은 변할 길 없어라

어두운 밤길에 준령을 넘으며
님 찾아가는 이 길은 멀기만 하여라
님 찾아가는 이 길은 멀기만 하여라

험난한 세파에 괴로움 많아도
님 맞을 그날 위하여 끝까지 가리라
님 맞을 그날 위하여 끝까지 가리라.'

(「님 찾아가는 길」)

중일전쟁 때
임시정부 따라
치열할 항일 투쟁
1935년 민족혁명당
부녀부 차장
중경 임시정부
1940년 한국광복군 총사령부
사무와 선전사업
기관지 「광복」 편집
여성의 역할 강조
광복군 제3지대
지대장 남편과
군사 모집
여성 참여 독려에
심혈을 기울였다
광복 후 상해에서
교민 재산 보호
안전한 귀국에 도움을 주다
한참 뒤늦은
1948년 귀국

꿈에 그리며 돌아온
고국의 생활
변변한 며느리로
시모의 귀염도 받았으나
공들인 항일투쟁 보답은커녕
생활고에 시달려
구걸을 해야 할 판
남편은 군사재판에 회부되기도

처절한 생존투쟁
처참히 파괴된 삶
젊음의 열정을
살리지 못한 채
해방 후 삶은 애달팠다

뒤늦게
건국훈장 독립장 받고
2010년 5월의 항일독립운동가
오광심 장군
독립군 여장군
오광심은
죽어도
살아 있으리라

조선의 무용가, 세계를 누비다

1911년 서울
양반집에 태어나
북한에서 죽기까지
근대무용과 전통무용
조선춤으로 재창조
조선의 무용가로
세계에 이름을 휘날리고
조선을, 아니 한국을 드높였다
숙명여학교 졸업 무렵
이시이바쿠무용단 공연 보고
현대춤에 매료되어
오빠 최승일의 지원 아래
일본의 독보적 무용가

이시이 바쿠의 제자가 되었다
15세에 '그로테스크'라는 춤
괴이하면서도 도발적으로
표현한 그는
'일본 무용계에 샛별'로
눈부신 데뷔를 했다

타고난 몸매
천부적 재능
연습벌레 최승희
스승의 그늘에서 벗어나
귀국 후
최승희무용연구소 열고
자신만의 춤을 만들어갔다
전통무용가 한성준을 만나
조선춤을 재창조하는 데
밑거름 디딤돌로 삼았다
「괴로운 소녀」
「해방을 구하는 사람」
「사랑의 춤」
「오리엔탈」 등
조선의 사정을 그리되
전통민속춤을 바탕으로
현대화하였다

무용발표회 열고
안막과 결혼도 하였다
남편도 최승희 무용에
아낌없이 지원하였으나

사상범으로 투옥과 출옥
춤에 전념하기조차 어려워 갔다

다시 일본에 건너가
「칼춤」「에헤야 노아라」
「승무」「영산춤」 등으로
큰 호응 박수갈채 속에
스타 탄생 신호가 울렸다

전미 순회공연
뉴욕 샌프란시스코 로스앤젤레스
대도시 미국인들의
시선을 사로잡고
파리 로마 브뤼셀 헤이그
유럽 무대에서도 대성공
인기를 독점하고
극찬을 받았다
칠레 등 남미까지
수년간
조선무용
조선을 알리는 데
예술혼을 불태웠다

서구적이면서도
한국적인 무용
「초립동」
「보살춤」
「쌍검무」
「화랑의 춤」 등

민족 정서의
민속춤을 현대무로
개발하고 승화하여
식민지 조선인의
자긍심을 한껏 높여준
한국인의 우상이 되었다

이사도라 던칸에 버금 가
"동양의 진주"
전쟁 중에 만주와 중국
일본관동군 위문공연에
수년간 내몰려
친일의 오명도 씌었다

해방 후 남편 따라
북한에서 최고의 인민배우
민족무용가
평양에 무용연구소
조선 무용 체계화
무용극 창작에 힘썼다

딸 안성희와 함께
모스크바와 동구권 순회공연
주은래도 반한 그의 춤
중국에 최승희무용연구소
중국 무용의 일대 흐름
최승희류를 이루어냈다

남편의 숙청 후

위기에 처했으나
『조선민족무용기본』 저술
이름 그대로 조선무용의
기본을 세우고
한국 무용의 근대적
틀을 마련해놓았다

4부
나오며–여성, 희망을 노래하다

여성!
희망을 노래하며
춤추고 사랑하리라

언제까지든
"님의 침묵"이
한 맺히더라도
"국화 옆에서"
다소곳 기다리며
"풀"이 누워서라도
언제나 되살아나듯

일제 강점기
모진 비바람
거센 풍랑에도
굴함 없이

당당한 신여성으로
바지런한 농부로
떳떳한 여공으로
피멍든 피해자라도
아니 여성독립운동가로
의젓하게 살아남아

변함없이
가족을
민족 사회를
지키고
가꾸며

키워나간
한국의
힘찬 여성들
굳센 여성들

예전부터
그때도 이미
지금도 아직
영원히
가족을 살리고
땅을 일구고
세상을 세워
일으켰다
자신을 희생한
것이 아니라
기꺼이 봉헌했노라고

일제 강점기
신여성에서부터
볼품없어 보이는
일자무식 힘없고
나약하기 그지없는
그래도 강인한
농투성이 여성까지

누구라도
자신은 버릴지언정
가족과
사회를

민족을 지키고
바로 세우고자
거기
여성이 있었다

태어난 곳에서
살아간 곳에서
끌려간 곳에서
돌아온 곳에서
되돌아 갈 그곳까지

앞을 보고
뒤도 살피며
옆도 보고
위도 쳐다보고
아래도 굽어보며
삶을 꾸리고
알뜰살뜰
가꿔나갔다
할 수 있는 한
배우고
일깨우고
의지하고
사랑하며

화합과 일치로
독립과 통일을
주체적으로
슬기롭게

자유로이
꿈꾸며
오늘도
내일도
묵묵히
가이없이
변함없이
자신을
바쳐오고
바쳐갈
것이다

한껏
노래하고
춤추며
크나큰 사랑으로
일어나
비출 것이다
대대손손
영원무궁토록

부록

인물 소개

1. 남자현(1872~1933)

 경북 영양군 석보면에서 태어나 19세 때 김영주(金永周)와 결혼하였다. 6년 후인 1895년 남편이 의병을 일으켜 일본군과 싸우다 전사하자, 3대독자인 유복자를 기르면서 시부모를 모셨다. 1919년 아들을 데리고 만주로 망명하여 김동삼의 서로군정서(西路軍政署)에서 활약하는 한편, 독립운동을 전개하는 각 단체와 군사기관, 농어촌을 순회하면서 독립정신을 고취하였다. 동만주 12곳에 교회와 예배당을 세워 전도하였으며, 10여 곳에 여자교육회를 설립해 여성을 계몽하는 데도 힘썼다.

1922년 국내 잠입, 군자금을 모으고, 1925년 채찬(蔡燦)·이청산(李靑山) 등과 총독 사이토(齋藤實)를 암살할 것을 계획하였으나 실패 후 다시 만주로 돌아갔다.

1928년 길림에서 김동삼(金東三)·안창호(安昌浩) 등 중국 경찰에 검거된 항일독립운동가들을 돌보며 석방운동에 온 힘을 기울였다.

1932년 국제연맹 리튼조사단이 하얼빈에 오자, 흰 수건에 '한국독립원(韓國獨立願)'이라는 혈서를 써서 조사단에 보내 우리의 독립을 호소하였다. 1933년 이규동 등과 주만일본대사 부토(武藤信義)를 죽이기로 하고, 동지와의 연락 및 무기 운반 등의 임무를 띠고 가던 중 일본 경찰에 붙잡혔다. 6개월 동안 갖은 혹형을 받으며 단식투쟁을 하다 보석되었으나, "독립은 정신으로 이루어지느니라"라는 말을 남기고 1933년 8월 하얼빈에서 순국하였다. 1962년 건국훈장 대통령장이 추서된 유일한 여성인물이다.

2. 조신성(1874~1953)

1874년 10월 평북 의주에서 출생하여 1953년 부산 피난 때 노환으로 신망애양로원에서 사망한 항일독립운동가, 여성교육자.

유복한 집 무남독녀로 태어난 조신성은 집안의 강요로 조혼하였으나, 일찍 과부가 되어 서울로 왔다. 기독교에 입교한 그는 이화학당을 나와 사감 등을 거쳐 일본에 유학하였다. 귀국 후 다시 교직에 있다가 귀향하여 여학교를 운영하는 등, 후진 양성에 힘썼다. 1919년 3·1운동에 적극적으로 참가하였을 뿐 아니라 해외 망명 항일독립운동가들의 비밀 연락 등 항일운동에 나섰다. 1920년에는 평남을 중심으로 항일단체 대한독립청년단을 조직, 무장 항일운동을 벌여 '여장군'이란 칭호를 얻을 만큼 맹활약을 하였다. 1921년 대한독립청년단에서의 활동이 발각되어 징역 2년 6개월형을 선고받고 계속 복역했다. 1928년 1월에는 근우회 평양지회를 조직한 뒤 1930년 동회의 제3대 중앙집행위원장을 역임하고, 평양근우회관을 설립하는 등 성과를 이뤘다. 1945년 해방 후 북한의 공산당 체제에 반대, 남하하였다, 1953년 5월 부산 피난 중 80세로 별세하였다. 1991년 건국훈장 애국장이 추서되었다.

3. 박에스더(1877~1910)

1877년 3월 서울의 정동에서 태어나 1910년 4월 둘째 언니인 신마리아 집에서 사망하였다. 여의사. 의료 선교사.

여성으로서 어린 시절부터 강인한 의지와 지속적인 추구를 통하여 의사가 되고자 원했던 자신의 꿈을 이루었다. 이후에도 그녀는 가난하고 도움의 손길을 받지 못했던 하층 여성들과 어린이들, 장애인 사이에 들어가 자신의 의술을 실천하였다. 전통과 인습에 사로잡혀 있던 하층과 농촌의 여성들을 계몽하고 위생 사상을 전파하면서 의료 선교사로서 기독교의 메시지를 전하였다. 애국계몽운동기 전문직 여성의 선구자로서 박에스더는 자신의 몸을 돌보지 않는 헌신과 봉사를 통하여 한국 의료, 여성, 기독교사에 의미 있는 발자취를 남기고 34년간의 짧은 생애를 마쳤다.

4. 차미리사(1879~1955)

1879년 10월 한성부 고양군 공덕리에서 태어나 1955년 서울 삼청동 자택에서 사망했다. 교육자. 여성교육계몽운동가. 항일독립운동가.

현재 덕성여자중고등학교 및 덕성여자대학교의 창립자이다. 18세 때 상동교회에 나가기 시작하면서 기독교 신앙을 접한 그는 19세 때 과부가 되고 미국 유학 중에 조선에 두고 온 외딸을 잃었다. 중국 유학 중에는 열병을 앓아 청각장애인이 되었다.

미국에서 1905년에 대동교육회(大同敎育會)를, 1907년에는 이를 확대개편한 대동보국회(大同保國會)를 창립하였다. 기관지 「대동공보(大同公報)」와 「제국신문」 지원, 1908년 대동고아원 설립에 참여하였으며, 한국부인회를 발족, 회장에 취임하였다. 1912년 귀국 후 배화학당에서 교사 겸 사감을 지냈으며, 1920년에 조선여자교육회를 창립하고 1922년 조선여자교육협회로 확대, 개칭하여 교육을 받지 못한 구여성을 대상으로 야학강습 및 강연회를 전개하였다. 1923년에 주간중심의 근화학원(槿花學院)을 세워 1925년에 근화여학교로 정식 인가를 받았다. 교육의 주요 대상을 여학생으로 옮겼으며, 여성의 경제적 독립을 중시했던 그는 다시 1934년에 근화여자실업학교로 발전시켰다. 그러나 1938년에 총독부의 압력을 받아 덕성여자실업학교로 바뀌었고, 1940년 일제는 그를 교장 자리에서 밀어냈다. 2002년 8월 15일 독립유공자 건국훈장 애족장이 추서되었다.

5. 김알렉산드라(1885~1918)

 사회주의 운동가. 본명은 알렉산드라 페트로브나 김(스탄케비치).

극동시베리아의 우수리스크에서 출생하여 블라디보스토크에서 여학교를 졸업하고 교원이 되었다.

아버지의 친구인 스탄케비치의 아들과 혼인하였으나 1914년에 이혼하고 1915년부터 우랄 지방의 벌목장에서 통역으로 일하였다. 1917년 초 러시아사회민주노동당(러시아공산당 전신)에 입당하였다가 1918년 4월 이동휘(李東輝)·김립(金立)·박애(朴愛)·오성묵(吳成默) 등이 하바로프스크에서 한인사회동맹을 결성할 때 함께하였다. 처음부터 볼셰비키(赤派)였던 그는 백파(白派)에 붙잡혀 처형되기 전에 극동볼셰비키당대회에 참가하여 하바로프스크시당 비서로 선출되었으며, 극동인민위원회(정부)의 외무위원장(외무부장)으로 임명되었다.

현재도 하바로프스크의 마르크스가(街) 김 알렉산드라의 기념비에는 "1917~1918년 이 건물에서 알렉산드라 페트로브나 김(스탄케비치)이 일하였다. 그는 볼셰비키당 시위원회 사무국원이며 하바로프스크시 소비에트 외무위원이기도 하였다. 1918년 그는 영웅적으로 죽었다"라고 기록되어 있다. 항일민족운동에 공헌한 그에게 2009년 건국훈장 애국장이 추서되었다.

6. 우봉운(1889~ ?)

 경남 김해 출생의 교사, 항일독립운동가, 사회주의 여성운동가.

정신여학교를 졸업한 뒤 중국의 간도와 블라디보스토크 등지에서 이동휘의 딸, 의순 등과 함께 10년간 여성 및 청소년 교육에 종사하였다. 불교에 먼저 귀의한 남편 기태진과 사이에 두 아들이 있으나, 이혼 후 독신을 유지하였다. 귀국 후 조선불교여자청년회 회장, 능인여자학원의 교장 등으로 여성운동에 앞장섰다. 사회주의로 전환하여 조선여성동우회, 경성여자청년동맹 등 사회주의 여성단체에서 활동하고, 또한 근우회, 경성여자소비조합운동 등 1920년대 사회운동과 여성운동에 열성을 다하였다. 1935년에는 신문 판매 권유원으로 지내기도 하고, 안국동 선원에도 기거하면서 언론 활동을 주로 하면서 여성 의식 계몽 활동을 멈추지 않았다. 해방 후에는 1948년 8월 해주에서 열린 남조선인민대표자대회에 참가한 대의원 대표 30여 명의 일원으로 참여, 제1기 최고인민회의 대의원에 선출되었다. 이후 활동과 사망 연도는 알 수 없다.

7. 김마리아(1891~1944)

황해도 장연의 기독교 집안에서 태어난 항일독립운동가, 교육자, 여성운동가.

일제 강점기 '조선의 잔다르크'로 불린 대표적인 항일독립운동가이다. 일찍이 부모를 여의었으나 기독교 신문화를 일찍 받아들인 집안 분위기와 어머니의 교육열로 소래학교를 졸업했고, 숙부인 김윤오와 김필순의 보살핌 속에 서울 정신여학교에서 공부하였다. 졸업 후 모교에서 교편 생활을 했고, 두 차례 일본 유학을 했다. 1919년 2월, 2·8 독립운동에 적극 참여했고, 비밀리에 귀국하여 3·1운동에도 활동하였다. 5개월 넘은 투옥생활을 하다 출옥 후에 전국적 규모의 대한민국애국부인회를 조직하였다. 동지의 배반으로 또다시 체포되어 혹심한 고문으로 사경(死境)에 처하게 되자 병보석을 받아 입원하던 중 망명을 계획, 중국 상하이로 망명하였다.

실력을 양성해야 한다는 큰 뜻을 품고 미국으로 재망명하여 이후 10년간 미국 내 유명한 5개 대학에서 공부하면서 여성으로서 자의식과 여성해방의 의지를 지닌 독신으로 지도자의 자질을 키웠다. 1932년에 귀국하여 마르타윌슨 신학교에서 후배를 양성하였다. 1944년 3월, 고문 후유증 악화로 생을 마감했다. 1962년 건국공로 훈장 독립장을 추서했다.

8. 유영준(1890~ ?)

평남 평양에서 태어난 여의사, 항일독립운동가, 사회주의 여성
운동가.

정신여학교를 졸업한 뒤 중국 북경의 여학교를 다니면서 민족
운동에 참여한 뒤 동경여자의학전문학교 재학 중 여자유학생
회에서 활동하며 「여자계」를 발간하기도 하고 방학을 이용,
여성계몽을 위한 전국 순회 강연을 하는 등 일찍부터 여성운동
가의 길을 밟았다. 또한 졸업 후에는 이화여자전문학교 교의
로 일하면서 산부인과병원을 개업하였지만 여성운동에 더 큰
관심을 가지고 열성적으로 활동하였다.

특히 근우회의 창립준비위원·서기·중앙집행위원·중앙집행위
원회 정치연구부 상무위원 등을 역임하면서 활발한 활동을 전
개하였다. 해방 후에는 조선부녀총동맹의 중앙집행위원장, 남
조선노동당의 중앙위원 등 미군정하 정치 및 여성 사회에서 주
요 인물이 되었다. 1947년에 월북하여 최고인민회의 대의원 등
역임, 1962년 노령으로 요양소 생활을 하였다. 정확한 사망연
도는 알 수 없다.

9. 정종명(1896~ ?)

서울에서 출생하여 산파, 항일독립운동가, 사회주의 여성운동가.

배화여자학당 중퇴 후 17살에 결혼하고 아들도 출산하였으나 남편이 죽자 세브란스병원 간호부양성소에 입학하였다. 교회 전도사의 조수가 되어 활동하기도 하였으나 경제적 독립을 위해 졸업 후 다시 조산부 자격을 얻었다. 그는 자신처럼 농촌에서 상경하는 부녀자들에게 공부할 수 있는 길을 열어주려고 1922년 4월 '조선여자고학생 상조회'를 비롯하여 공장의 가난한 여성노동자에게 눈을 돌리고 1924년 5월 조선여성동우회, 근우회 등에서 활동하였을 뿐 아니라 국제공산당(코민테른)의 조선 조직인 공산청년회의 유일한 여성회원이 되어 남성 조직에서도 활동하였다. 어머니는 3·1운동에 참여하였고, 그 아들도 항일운동으로 투옥되었다. 사회주의자 남편 신철 등과 함께 활동한 그는 1945년 8·15해방 후 12월에 조선부녀총동맹이 결성되자 함경남도 대표로서 중앙위원에 선출되었다. 그 후 활동은 잘 알려지지 않았다.

10. 나혜석(1896~1948)

 경기도 수원에서 출생한 나혜석은 근대 최초의 여성화가일 뿐만 아니라 빼어난 단편소설과 에세이를 통해 여성적 글쓰기를 실천한 작가이고 여성해방론자이다.

우리나라 여성 중 최초로 도쿄여자미술학교에서 서양화(유화)를 배운 여성으로서 서울에서 처음 개인 유화전시회를 개최하였다. 조선미술전람회에 입선, 특선 등을 한 그는 여성도 남성과 마찬가지로 사람이라고 하는 근대적인 여성의 자아 인식을 가지고 여성에 대한 사회적 억압을 폭로하고, 여성도 교육을 통해 제도 관습의 변화를 이루어 내어야 한다는 계몽주의적 페미니즘을 주장하였다.

1919년 3·1운동에도 적극 참여하였으며, 항일독립운동가들을 돕기도 하였다. 1927년 남편과 함께 '구미일주' 길에 올라 파리에서 1년 정도 유화 공부를 하던 중 염문을 일으켜 1931년에는 남편과 이혼한 뒤 고루한 인습에 지배받는 남편과 사회를 고발하는 『이혼고백서』(1934)를 발표하기도 했다. 그 뒤로는 사회의 냉대 속에 신경쇠약과 반신불수의 몸이 되어 1948년 12월 10일 서울의 자혜병원 무연고자 병동에서 행려병자로 눈을 감았다.

11. 김원주(1896~1971)

평남 용강군 삼화면 덕동리에서 목사의 맏딸로 태어나 총림원 별실에서 사망한 문인, 여성운동가, 비구니.

일엽스님으로 잘 알려진 그는 14세 때 동생을 출산하던 어머니가, 동생도 3일 만에 죽고 17세에 부친마저 별세하였다. 어려운 생활 속에서도 학교를 다니며 정신적으로 조숙하였다. 이화학당 재학 때 재산가 청년과 파혼하고, 동대문 부인병원에서 간호원 강습을 수료한 후 일본에 유학했으며, 귀국 후 1920년 3월 최초의 여성종합잡지 「신여자」를 발간하여 편집주간으로 왕성한 집필 활동에 임했다. 여성 의식화운동의 선구자로, 이른바 윤심덕, 나혜석 등과 같이 신여성 1세대로서의 역할을 다했다. 자유연애와 자유이혼론 등 당시 신여성론을 적극 수용, 실천하는 가운데 여성불교운동에도 참여하며 여성의식 계발과 향상에 힘썼다. 점차 불교에 귀의하여 비구니로 생을 마쳤다. 그의 글쓰기 작업은 스님이 된 후로도 계속되어 소설, 수필 등 많은 작품을 남김으로써 여성운동가로서보다 여성문인으로 후세에 평가를 받고 있다.

12. 박원희(1897~1928)

 충남 대전에서 태어나 서울 재동 자택에서 31세로 요절한 사회주의 여성운동가, 사회운동가.

경성여자고등보통학교 사범과를 졸업하고 철원에서 보통학교 교원을 지내다가, 일본 동경에 가 노동자로 일하며 공부하였다. 귀국 후 사회운동과 여성운동에 주력하였다. 사회주의 운동 단체 화요회, 북풍회 등 해외파와 의견을 달리한 남편 김사국(金思國) 등의 서울계 국내파 중심의 경성여자청년회를 조직, 집행위원으로 활동하면서 일반 대중여성의 의식화를 우선시하였다. 1926년 남편 병사 후에도 딸아이를 키우며 1927년 근우회 창립과 강연 등 여전히 여성 의식 향상과 민중계몽운동에 온힘을 쏟았다. 결국 1928년 1월 사망 때까지 4년여간 여성운동에 헌신하고, 겨우 30년 남짓 생을 마감하였다. 여성으로 최초의 사회단체장으로 그를 기렸으며, 2000년 애족장이 추서되었으며, 남편과 합장되어 대전 현충원 애국열사묘에 묻혔다.

13. 정칠성(1897~1958?)

기명은 금죽(琴竹). 사회주의 여성운동가, 항일 독립운동가.

경북 대구 출생으로 사망년은 추정이다. 한남 권번의 기생으로 있다가 1919년 3·1만세운동을 계기로 사회운동에 참여하였고, 여성주의 운동에도 참여하였다. 1924년 허정숙(許貞淑), 정종명(鄭鍾鳴), 오수덕(吳壽德) 등과 함께 조선여성동우회를 창립하였고, 일본 유학 중 1925년 도쿄에서 여자유학생단체인 삼월회를 조직했다. 귀국 후 신간회와 근우회의 창립에 참여하였고, 여성 계몽 강연 활동과 칼럼, 논설 발표, 편물과 자수 강사 등으로도 활동했다. 1929년 광주학생운동에 가담하였으며, 1930년 제2차 경성학생시위사건(일명 근우회 사건) 주동 혐의로 투옥당하였다.

해방 후 조선부녀총동맹을 결성해 부위원장이 되고, 조선공산당과 민족주의민주전선에서 활동하다 1948년 4월 남북협상에 참가한 뒤, 그해 8월 미군정의 좌익 탄압을 피해 해주 남조선인민대표자 대회 참석차 월북했다가 내려오지 않고 조선민주주의인민공화국의 정부 수립에 참여하였다. 1955년 민주여맹 부위원장, 1957년 8월 제2기 최고인민회의 대의원에 재선되는 등 요직에 있었으나 1958년 국내파 공산주의자 및 사회주의자들을 제거할 때 숙청되었다.

14. 황신덕(1898~1983)

평안남도 평양시 외성에서 출생, 서울에서 별세한 여성운동가, 기자, 교육자.

평양의 숭의여학교를 졸업하고 일본에 유학했다. 학창 시절부터 안창호 선생의 강연을 듣는 등 평양의 기독교 사회 분위기 속에 많은 애국자들을 접할 수 있었다. 또한 언니 애덕이 조직한 송죽회 회원으로 애국 애족 정신과 검소한 생활, 국산품 애용 등 건전한 정신을 생활화하면서 여성으로서의 봉사정신, 자립심 등을 키워 여성지도자의 길을 닦았다. 이후 동경 유학 시절 2·8독립선언과 여자유학생회 활동 등을 통해 사회주의 이론을 접하였고, 귀국 후 여성동우회, 근우회 등 여성단체의 조직과 활동, 그리고 시대일보, 동아일보 기자, 경성실천여학교 교사 등 직업과 운동을 병행하였다. 결혼 후에는 가정 생활에 충실하면서도 경성가정여숙을 설립, 운영했다. 여성교육에 앞장서고, 제자를 정신대에 보냄으로 친일 여성이라는 오명을 벗을 수 없다.

15. 정정화(1900~1991)

서울에서 태어난 항일독립운동가.

충남 예산에 많은 토지를 가진 부유한 가정에서 총애를 받으며 자랐다. 어려서 한학을 익혔으며, 11살에 김가진(金嘉鎭)의 아들 동갑내기 의한(毅漢)과 혼인하였다. 개화파 시집에서 시부와 남편의 영향을 받으며 당시 사회와 민족에 눈을 떴다. 1919년 3·1운동의 발발 당시 대동단 총재로 추대된 시아버지와 남편이 상해로 망명하자 1920년 1월 초순 그도 망명길에 올랐다. 이후 6차에 걸쳐 독립운동자금 모금 활동을 위해 국내에 밀파되었다.

임시정부 안살림을 맡아 김구, 이동녕을 도왔으며 1940년에는 한국여성동맹을 창립하였고 1943년에는 대한애국부인회의 재건, 훈련부장을 맡아 국내외 부녀의 총단결과 임시정부 옹호에 힘썼다. 또한 1940년 5월 민족진영의 3당을 통합하여 (중경)한국독립당을 창당하고, 9월에는 군사조직으로 한국광복군을 창설하는데 참여하였다. 1990년 건국훈장 애족장을 수여받았다.

16. 강주룡(1901~1932)

평북 강계에서 출생하여 평양의 빈민굴에서 순국한 여성노동운동가, 항일독립운동가.

14세 때 서간도로 이주하여 항일 무장 투쟁 중 남편이 순국한 뒤 24세에 귀국하여 줄곧 여공 생활을 하며 부모와 어린 동생들의 생계를 도맡았다. 생존에 위협을 느낄 만한 저임금을 받던 고무공장 여성노동자들의 임금 인상 투쟁을 전개하던 중 1930년 8월 평양적색노동조합 운동에 참여, 평원고무공장 파업을 주도하였다. 1931년 5월 29일 새벽 평양 을밀대 12미터 높이의 지붕에 올라 한국노동운동사에서 최초의 고공농성을 벌이며 평양 시민들을 향해 파업 협조를 구하기도 한 그는 옥중 단식을 하는 등의 항일 투쟁에도 열성을 다하였다. 투옥 중 고문에 의한 병보석으로 출옥 직후 순국하였다. 2007년 건국훈장 애족장이 추서되었다.

17. 주세죽(1898~1953)

함남 함흥군 함흥면 상리(上里)에서 출생하여 모스크바에서 사망한 조선공산당원, 사회주의 여성운동가.

함흥의 사립영생여학교를 졸업하고 상해로 유학하였을 때 박헌영(朴憲永)을 만나 결혼하였다. 1919년 3·1만세운동에 참여하여 체포되기도 한 그는 서울에서 조선여성동우회, 경성여자청년동맹 등을 조직, 활동하였으며 고려공산청년회 등 조선공산당 운동에도 관여하였다. 남편과 함께 소련으로 탈출하여 모스크바, 상해 등지에서 조선공산당 재건에 힘썼다. 박헌영이 수감된 후, 김단야와 동거하며 활동하다가 스탈린 정부에서 체포된 김단야의 부인으로 카자흐스탄에 5년 유배형을 받고 복역하였다. 해방 후까지 러시아의 공장 노동자로 있다가 1953년 박헌영 체포 사실을 딸에게 알리기 위해 모스크바로 가던 중 폐렴에 걸려 도착 후 바로 사망하였다. 2007년 건국훈장 애족장을 수여받았다.

18. 허정숙(1902~1991)

함북 명천에서 출생하여 평양에서 사망한 사회주의 여성운동가, 항일독립운동가, 정치인.

부친 허헌의 총애 속에 배화여학교, 고베여자신학교와 상해영어학교에서 수학하고 1920년대 전반기에는 동아일보, 개벽사의 「신여성」지 편집 기자 등 직업 생활과 사회운동을 병행하였다. 조선여자교육회를 창단한 차미리사의 제자로 그와 함께 전국순회강연을 다니면서 여성교양 및 여성 의식 계몽운동의 필요성을 절감하였다. 이후 1924년 여성동우회 창립을 주도하고, 1926년 미주와 유럽 등지를 부친과 다니며 견문을 넓혔다. 귀국 후 1927년 창립된 근우회에 가입, 1929년 말 서울여학생만세운동을 지도한 혐의로 투옥되어 1년 6개월 수감 생활을 하였다. 만기 출옥 후에는 태양광선치료원을 개업, 새로운 전문직에도 도전하면서 가족들을 돌보기도 하였다. 일제가 만주를 침략하면서 전시체제의 탄압을 피해 중국으로 망명하여 항일운동을 계속하였다. 한편 당시 '조선의 콜론타이'로 불릴 만큼 자유분방하면서도 의지가 굳어 이른바 '붉은 사랑'을 실천, 남편 임원근, 송봉우, 최창익 등과 자유 결혼과 이혼을 거듭하면서 사회의 비난도 감수했다. 1945년 광복 후 북한에서 고위직을 역임하였다.

19. 최은희(1904~1984)

황해도 연백에서 출생하여 서울에서 사망했다. 항일독립운동가, 기자.

1919년 3·1운동에 경성여자고등보통학교 여학생으로 참여, 일경에 체포되었다. 니혼(일본)여자대학 3년 재학 중 조선일보 기자가 되었다. 일본 와세다 대학교 법과 통신 강의 2년을 수료하고, 귀국 후 근우회를 창설하여 초대 집행위원, 선전부장을 지냈다. 일제 강점기 최장수 여기자로 8년간 근무하며 유명전문기자가 된 덕분에 오늘의 최은희 여기자상이 제정되기도 하였다. 해방 후에는 서울 보건인회 창설 회장, 여권 옹호회 창립 선전부장, 3·1 국민회의 대표위원 등을 역임하였다. 1992년 건국훈장 애족장이 추서되었다.

20. 박차정(1910~1944)

경남 동래에서 태어나 중경에서 순국한 민족항일독립운동가.

1924년 조선소년동맹 동래지부에 가입한 것을 비롯하여 일신여학교 재학 중 조선청년동맹과 근우회 동래지부 등 지역의 여러 단체에 가입, 활동했다. 졸업 후 1929년에는 근우회 중앙집행위원이 되었으며, 간부들과 함께 서울 여학교 만세시위운동을 주도하다 일경에 체포되었다. 또한 1930년 부산방직 파업을 주도하다 다시 투옥되었으나 병보석으로 석방된 후 중국으로 탈출하여 1931년 의열단 단장 김원봉과 결혼하고 단원이 되었다. 그 후에도 조선혁명군사정치간부학교 교관으로 사관생도 양성에 노력하였다. 민족혁명당 부녀부 주임, 남경조선부인회 조직 등 민족해방운동에 헌신하였다. 1939년 강소성 곤륜산에서 일제와 전투하다 부상, 후유증으로 순국하였다. 1995년 건국공로훈장 독립장을 추서받았다.

21. 오광심(1910~1976)

평안북도 선천 출신의 항일독립운동가, 여성광복군.

김학규(金學奎)의 부인으로, 1931년 남만주에서 조선혁명당에 가입하여 활동하다가 남경으로 이주하여 만주지역과의 연락을 담당하였다. 1935년에는 민족혁명당 부녀부에서 활약하였고, 1936년에는 남경의 대한애국부인회 간부로 활동하였다. 1940년 9월 중경에서 한국광복군 총사령부가 창립될 때, 여군으로 김정숙(金貞淑)·지복영(池復榮)·조순옥(趙順玉)·신순호(申順浩)·민영주(閔泳珠) 등과 함께 참여하였다.

1942년 2월 임시정부 군무부 간부로서 남편과 같이 안후이(安徽)·허베이(河北)·산둥(山東)지역에서 초모·선전·파괴 등의 항일 활동을 전개하였다. 광복군 제3지대 창설 때 지대장 남편을 도와 간부가 되어 선전활동을 담당하였다. 1977년 건국훈장 독립장이 추서되었다.

22. 최승희(1911~1969)

강원도 홍천에서 태어나 서울에서 성장, 평안남도 북창에서 사망한 한국 최초의 근대무용가, 영화배우, 광고모델.

1925년 숙명여학교를 졸업하고 이듬해 이시이바쿠무용단 공연 관람 후 그 무용연구소에 입소하여 무용공부를 시작하였다. 1929년 귀국하여 최승희 무용연구소를 설립하고 서울에서 신작무용발표회를 가졌다. 현대무용의 기법으로 창작된 춤 공연을 한국인으로서는 처음 시작한 선구자였다. 1931년에는 안막과 결혼한 뒤 이시이바쿠무용단에 재입단하여 도쿄에서 활동하다, 1938년부터 미국과 유럽, 남미에서까지 장기공연하며 대성공을 거두었다. 조선인으로서 한반도뿐만 아니라 일본과 해외에서 명성을 날림으로써 식민지 조선인에게 민족적 자긍심을 일깨웠다. 그러나 전쟁 시기에는 중국 등지에서 군위문공연을 하여 친일파라는 비판도 받았다. 해방후 1946년 남편을 따라 월북, 평양에 국립최승희무용연구학교를 개설, 활동하였으나 남편이 숙청당한 뒤 그도 모든 공직에서 추방되었다.

이상의 인물 소개는 주로 『한국근대여성 63인의 초상』(한국학중앙연구원 출판부, 2014, 공저)을 참고하였으며, 독립운동가 남자현, 김알렉산드라, 강주룡, 정정화, 오광심 등 5명은 다른 문헌을 통해 보충하였다.